PAUL LAFFITTE

LE

SUFFRAGE UNIVERSEL

ET LE

RÉGIME PARLEMENTAIRE

PARIS

LIBRAIRIE HACHETTE ET Cⁱᵉ

79, BOULEVARD SAINT-GERMAIN, 79

1888

LE

SUFFRAGE UNIVERSEL

ET LE

RÉGIME PARLEMENTAIRE

PAUL LAFFITTE

———

LE
SUFFRAGE UNIVERSEL

ET LE

RÉGIME PARLEMENTAIRE

~~~~~~~~

PARIS

LIBRAIRIE HACHETTE ET Cⁱᵉ

79, BOULEVARD SAINT-GERMAIN, 79

1888
~~~~~~~~

PRÉFACE

Je suis républicain, je suis partisan du suffrage universel, mais je crois que le suffrage universel sans contrepoids peut être la perte de la République.

Aujourd'hui, le nombre est une religion. Le droit est une question d'arithmétique. La moitié plus un est persuadée qu'elle est la raison et la justice, par cela seul qu'elle est la moitié plus un. Le suffrage universel ne se contente plus de choisir les hommes qui dirigeront les affaires publiques : il veut gouverner, il veut administrer, et tous les ressorts du régime parlementaire sont faussés.

Quelques-uns en concluent que le régime parlementaire et le suffrage universel sont incompatibles. Et cependant nous ne pouvons abandonner ni le suffrage universel, qui est une condition de la démocratie, ni le régime parlementaire, qui est la seule forme de gouvernement libre. Est-il donc impossible d'organiser le suffrage de tous, de manière à assurer la stabilité des institutions ? Ne peut-on modifier le système représentatif, pour l'adapter à la forme républicaine ? Voilà, en deux mots, l'idée de ce livre.

Beaucoup de personnes, à l'heure où nous sommes, estiment que c'est perdre son temps que d'écrire sur les questions politiques. Des amis m'ont dit : A quoi bon un livre sur le suffrage universel et le régime parlementaire ? avez-vous rêvé de convertir la majorité ? — Je n'ai pas cette prétention.

— Pensez-vous que nos trois cents sénateurs et nos cinq cents députés trouveront
le temps de vous lire? — Je n'ose l'espérer.
— Alors, pourquoi écrivez-vous? — Parce
que je crois que, dans une démocratie,
chaque citoyen doit dire tout haut ce qu'il
pense, et que c'est le seul moyen de former
une opinion publique.

Je vois grandir l'indifférence en matière
politique. On lit les journaux, pour tuer le
temps; on critique le gouvernement, parce
qu'il a toujours été de bon ton d'être dans
l'opposition. Mais s'il faut agir, engager sa
responsabilité, donner son nom ou son
argent, il n'y a plus personne. La classe
moyenne se désintéresse de plus en plus des
affaires publiques. Elle les abandonne à
ceux qui ont fait de la politique un métier;
si le mot vous choque, je dirai une carrière.
Les politiciens tiennent le pays par les comités électoraux. Le plus honnête homme ou

le plus illustre peut rester sur le carreau
s'il ne trouve un comité pour soutenir sa
candidature. Le peuple choisit ses députés,
mais c'est un comité qui dresse la liste des
candidats. En droit, nous avons le suffrage
universel ; en fait, quelques centaines d'individus sont maîtres d'un département.

Est-ce là les mœurs de la liberté, et faut-
il s'étonner que le régime parlementaire ne
puisse fonctionner dans de telles conditions?
En Angleterre, on ne craint pas de parler
ou d'écrire, on va dans les réunions publiques, on ne recule pas devant une mauvaise parole ou un mauvais coup. Si nous
voulons secouer le joug des politiciens,
commençons par secouer notre indifférence.
Apprenons à nous réunir, à nous associer.
N'hésitons pas à mettre les pieds dans un
club. Écrivons au besoin ; il n'est pas nécessaire d'être écrivain de profession : une
lettre, un article de journal, une brochure,

un livre, tout est bon à celui qui a quelque chose à dire. Faisons, en un mot, nos affaires nous-mêmes. C'est à ce prix que nous serons un peuple libre.

La démocratie, jusqu'ici, a été à l'école de l'égalité : il est temps pour elle d'aller à l'école de la liberté.

CHAPITRE PREMIER

DESPOTISME DU NOMBRE

I

Le nombre, étant la force, tend au despotisme. Dans un groupe d'enfants, le plus fort impose sa volonté à coups de poing. Cinq ou six millions d'électeurs imposent leur volonté à coups de bulletins de vote.

Vivant dans une démocratie, nous pouvons redouter le despotisme des majorités; mais il ne faut pas oublier que les minorités ont longtemps gouverné, et qu'elles n'ont été parfois ni plus justes, ni plus libérales,

Tout principe de gouvernement, l'aristocratique comme le démocratique, a en soi un germe de corruption.

Le danger d'une démocratie, c'est que l'instabilité s'introduise dans les institutions, que les traditions politiques soient sacrifiées à l'intérêt d'un moment, que les règles administratives disparaissent dans le perpétuel changement des fonctionnaires, que le niveau s'abaisse dans les assemblées et que les hommes les plus éminents en tout genre soient écartés des affaires publiques.

Le danger d'une aristocratie, c'est que la tradition devienne la routine, que la classe dirigeante s'attache à la lettre plus qu'à l'esprit des institutions, que la faveur donne les places et non le mérite, que les besoins les plus légitimes des masses soient méconnus et les charges sociales inégalement réparties.

Un principe est aussi funeste que l'autre dès qu'on l'exagère : le dernier mot de l'aristocra-

tie, c'est que les fonctions deviennent hérédi-
taires dans un petit nombre de familles ; le
dernier mot de la démocratie, que les fonctions
soient tirées au sort, comme nous le voyons
vers la fin de la république athénienne.

A tout prendre, le despotisme d'une majorité est moins redoutable que celui d'une minorité. Contre le despotisme d'une minorité,
fondé sur la puissance militaire, il n'y a d'autre
recours que la force : à Paris comme à Rome,
c'est par la force que la plèbe a conquis son
droit de cité. Contre le despotisme d'une majorité, fondé sur le droit de suffrage, il y a la
discussion publique, le journal, le livre, la tribune. On peut appeler de l'électeur d'aujour-
d'hui à l'électeur de demain. La tendance même
de la démocratie à rendre toutes les fonctions
électives et à renouveler les élections le plus
souvent possible entretient la vie publique.
Le besoin de contrôle, la soif de publicité, qui
caractérisent les mœurs démocratiques, donnent à la minorité des armes contre le despotisme de la majorité.

Le suffrage universel est, en définitive, le gouvernement de l'opinion; et l'opinion peut toujours être modifiée. Le parti le moins nombreux, ne pouvant renverser ses adversaires par la violence, cherche à les persuader. Il s'efforce d'être plus sage, plus éclairé, plus éloquent, plus politique; ce sont ses seules chances de succès. S'il a dans ses rangs des hommes de grand talent ou de grand caractère, il peut, malgré son infériorité numérique, amener le parti contraire à compter avec lui. Les excès mêmes de la majorité profitent à la minorité. Il y a, dans tout pays, une masse laborieuse qui veut être respectée dans ses intérêts et ses sentiments : si on cherche à l'entraîner trop loin, elle se rejette brusquement de gauche à droite, ou de droite à gauche. C'est pourquoi il ne faut jamais désespérer de la majorité, à condition que la minorité ne s'abandonne pas elle-même.

II

Un homme politique a dit : « Il n'y a pas de droit contre le suffrage universel. » Cette phrase me fait rêver, et je ne l'entends pas très bien. Le peuple peut-il donc décider qu'Antoine est un grand homme et Cicéron un mauvais citoyen? Le vote de dix millions d'électeurs peut-il faire qu'un coup d'État ne soit plus un coup d'État, que la loi ne soit plus la loi? Si le droit est une question de majorité, si le crime d'aujourd'hui peut être la vertu de demain, disons qu'il n'y a pas de droit : ce sera plus franc et plus logique.

Le parti le plus nombreux est sincère quand il veut imposer sa volonté au moins nombreux : persuadé que son opinion est la seule vraie, il voit un danger dans l'opinion contraire. Torquemada aussi était sincère quand il brûlait les gens par religion, et Robespierre quand il les guillotinait par vertu. Nos mœurs sont plus douces : nous ne voulons brûler ni guillotiner personne, mais nous sommes portés à imposer silence à ceux qui ne pensent pas comme nous.

Toute majorité sera patriote, désintéressée, généreuse, plus facilement que libérale. Étant toute-puissante, la majorité souffre mal la contradiction. Pour elle, la minorité, c'est l'ennemi. — Tu penses autrement que moi : tu penses mal. Tu critiques mes actes : tu es un mauvais citoyen. Je sais, moi majorité, ce qui te convient; je veux ton bien, et je le ferai même malgré toi. — Doctrine d'inquisiteur, doctrine de jacobin.

La plupart des hommes sont séduits par les formules générales. Ils veulent résoudre les problèmes les plus complexes par les procédés les plus simples. Ils ramènent l'éducation, l'art, la politique, la morale, à un petit nombre de principes abstraits. Ils répugnent au mensonge, mais ils se contentent quelquefois d'une demi-vérité. Ils s'attachent à un point de vue et négligent les autres. Ils rêvent de niveler

les conditions en élevant ceux qui sont au-
dessous de la moyenne, ce qui est un bien, ou
en abaissant ceux qui sont au-dessus, ce qui
est un mal. Ils confondent l'harmonie avec
l'uniformité. Enfin, ils conçoivent la société
idéale comme une réunion d'individus ayant
mêmes aptitudes, mêmes goûts, mêmes besoins, mêmes croyances : dans cette société, il
n'y a plus de place pour les minorités.

Je sais qu'il y a plusieurs sortes de minorités. Il en est une, formée des débris de la vie
publique, une minorité qui hait la démocratie,
une minorité qui n'est ni de son temps ni de
son pays : ce n'est pas de celle-là que je me
fais l'avocat. Mais il en est une autre, qui
compte dans ses rangs des hommes indépendants et éclairés, qui approuve sans flatterie
ou critique sans parti pris, qui demande la liberté pour les autres comme pour elle-même,
qui ne craint pas de se séparer de ses amis
quand elle estime que ses amis se trompent :
je crois qu'une telle minorité est nécessaire
dans une société démocratique, car il n'y a pas

de gouvernement libre sans opposition libre.

La diversité est une condition de la vie sociale comme de la vie individuelle. Un grand peuple est celui où tous les citoyens ont un même idéal; mais un même idéal ne veut pas dire une seule éducation, une seule opinion, une seule religion, un seul parti. Tous les efforts peuvent tendre au même but par des voies différentes. La société est comme un atelier où chacun doit occuper le poste auquel il est le plus propre : les fonctions sont proportionnelles aux aptitudes; le travail est divisé, pour qu'aucune force ne soit perdue; la recherche personnelle, l'originalité, tout, jusqu'à la critique, peut concourir à l'harmonie générale; c'est la variété dans l'unité.

Si, au contraire, la majorité imposait son *credo* à la minorité, si tous les citoyens apprenaient à lire dans le même catéchisme politique, la démocratie serait condamnée à l'immobilité. La vie publique tiendrait dans quelques formules apprises par cœur. La vie privée n'aurait plus d'imprévu. Tous les ca-

ractères seraient coulés dans le même moule.
La médiocrité étendrait son manteau sur nous.
Qui donne aux sociétés le mouvement, qui
empêche l'âme humaine de se rétrécir, qui ar-
rache les foules aux intérêts matériels pour les
pousser vers les grandes choses, qui fait les
héros et les saints? Une minorité. Les nobles
pensées, les fortes actions ne sont pas le lot de
tout le monde. Minorité, le poète ou l'artiste
qui nous emporte dans son rêve et nous fait
oublier pendant quelques heures les misères
de la vie réelle; minorité, le savant qui se
passionne pour la science abstraite, pour la
recherche désintéressée; minorité, le diplo-
mate habile ou le général victorieux; minorité,
ce colon qui va défricher une terre lointaine,
ce marin qui ouvre au commerce des débouchés nouveaux, cet inventeur qui se ruine pour
enrichir son pays; minorité, ceux qui aiment
la justice, ceux qui pratiquent la vertu; minorité enfin, les réformateurs, les utopistes, qui
eux aussi remplissent une fonction sociale, en
nous rappelant de temps en temps que tout

change ici-bas et que l'évolution est la loi du
monde.

Aujourd'hui, la majorité est souveraine. Il
dépend d'elle que la minorité soit quelque
chose ou ne soit rien. Elle peut faire une révolution sans tirer un coup de fusil : le bulletin
de vote suffit. Elle a une plus grande autorité
qu'aucun despote du passé, car elle est la force
et elle est la loi. Comment l'amener à fixer
elle-même la limite de son droit? Comment
empêcher, étant toute-puissante, qu'elle n'a-
buse du pouvoir? En faisant appel à son intérêt
même; en lui montrant que la minorité écrasée
par la majorité, ce serait le suicide de la démocratie.

CHAPITRE II

LE BIEN PUBLIC ET LE BIEN DE LA MAJORITÉ

I

La majorité veut le bien public ; mais qu'est-
ce que le bien public ? On connaît la définition
ordinaire : « Le bien public est la somme des
biens particuliers ; l'intérêt général est la
somme des intérêts privés. » Mais, les intérêts
privés pouvant être contradictoires. ou la formule n'a pas de sens, ou elle signifie que l'intérêt général est l'intérêt du plus grand nombre.
Ceux qui raisonnent ainsi sont logiques : ils ne
voient dans la société politique qu'une réunion

d'individus ; dès lors, l'intérêt collectif ne peut être qu'un total d'intérêts particuliers. Les intérêts sont égaux, comme les individus : il suffit de faire une addition, et la vérité est du côté des gros chiffres. On aboutit à cette définition : Le bien public, c'est le bien de la majorité.

Je connais peu de paradoxes aussi répandus et aussi dangereux. Si l'intérêt général n'est que la somme ou la résultante des intérêts privés, il s'ensuit que l'intérêt général change chaque fois que la majorité des intérêts privés se déplace. Il n'y a plus, dans ces conditions, ni droit, ni politique.

Et cependant, observez un groupe quelconque d'individus réunis par une idée commune, par un lien moral : vous y découvrirez presque toujours un intérêt collectif qui a pris naissance en dehors des intérêts particuliers, et quelquefois contre eux. Dans une famille, l'intérêt collectif sera, par exemple, que chacun des fils sacrifie une part de l'héritage, pour conserver un bien patrimonial dont la plupart ne tireront aucun profit. Dans une corporation, l'intérêt collectif sera d'instituer un fonds de réserve pour faire face à des risques lointains, quand il est certain que la génération présente aura disparu au moment où ce fonds de réserve pourra être utile. Voyez l'armée : nulle part peut-être la différence n'est plus sensible entre l'intérêt collectif et la somme des intérêts privés : quel est l'intérêt des soldats ? que la durée du service soit de plus en plus réduite ; quel est l'intérêt de l'armée ? que le temps du service soit assez long pour que l'éducation militaire porte tous ses fruits. Ainsi, dans une famille, dans une corporation, dans l'armée, le bien général est autre chose que le bien de la majorité. De même dans la société politique. L'idée de l'intérêt général n'est pas aussi simple que quelques-uns se le figurent : ce qui convient au plus grand nombre est un des éléments du problème, non le problème tout entier. L'immense majorité de nos concitoyens ne mettra jamais les pieds au Collège de France, ni au Musée du Louvre : cependant l'intérêt

général veut qu'il y ait un musée du Louvre et
un Collège de France. Le bien moral importe
à la société autant ou plus que le bien maté-
riel ; tout grand peuple a des traditions, qu'il
ne peut abandonner sans s'abandonner lui-
même ; enfin, il peut arriver que l'intérêt général soit dans l'avenir plus que dans le présent.

Ne considérer dans le corps social que les
individus isolés et les intérêts particuliers,
c'est la grande erreur des majorités. Autant
vaudrait dire qu'un corps vivant n'est qu'une
réunion de cellules. Cette définition peut convenir aux tribus sauvages et aux polypes, aux
sociétés primitives et aux êtres inférieurs, dont
toutes les parties sont semblables les unes aux
autres ; mais elle ne convient ni aux êtres
supérieurs, ni aux sociétés civilisées. Ce qui
partout marque le progrès, c'est la diversité
des organes et des fonctions. Un peuple est
autre chose qu'un troupeau humain. La société
politique n'est pas seulement un agrégat d'individus : c'est un être collectif, qui a sa vie

propre, son passé, ses traditions, ses lois. L'intérêt général n'est pas ce qui convient à une
majorité d'un jour; c'est ce qui fait que la société se développe et accomplit ses destinées.

Mais la question ainsi posée est trop complexe. La plupart des hommes veulent tout
simplifier, et en cela plus d'un lettré est de la
majorité. Nous sommes simplistes dès l'école
ou le collège. On nous élève dans la logique
abstraite. Plus tard, la vie que nous menons
n'est pas pour nous corriger : chacun de nous
est absorbé par le travail professionnel; l'effort
qu'on exige, dans toutes les carrières, est
considérable; le préjugé s'en mêle, et il est
admis qu'un homme sérieux ne doit rien faire
hors son métier; nous recommençons chaque
jour la tâche de la veille, comme le bœuf trace
son sillon; nous nous habituons de plus en
plus à ne voir qu'un côté des choses. L'esprit
simpliste, c'est la porte ouverte à tous les paradoxes et à tous les sophismes. On le retrouve
dans les banalités politiques que nous prenons
de bonne foi pour des principes. Les majo-

rités sont simplistes quand elles ne voient dans
la société qu'une réunion d'individus et dans
l'intérêt général qu'un total d'intérêts privés.

II

Tout le monde convient qu'il faut faire les
lois dans l'intérêt général. Suivant l'idée qu'on
se fait de l'intérêt général, on dira qu'une loi
est bonne ou mauvaise, juste ou injuste. Mais
si le bien public n'est que la somme des biens
particuliers, il est évident que la meilleure loi
sera celle qui donne satisfaction au plus grand
nombre d'intérêts individuels. On retrouve
partout cette idée, plus ou moins consciente,
dans la politique des majorités. Rappelez-vous
la discussion de la loi militaire à la Chambre
des députés. Il y a ici un intérêt qui doit passer
avant tous les autres, l'intérêt de l'armée, qui
est celui de la patrie; la première question est
de savoir si, oui ou non, le service de trois
ans suffit pour former un soldat : à peine a-t-on
effleuré ce côté de la question. Il y a un autre

grand intérêt public en jeu : c'est le recrutement des professions libérales, du clergé, des
lettres, des arts, des sciences : quelques orateurs l'ont dit avec talent et avec courage, ils
ont été applaudis, mais on a voté contre eux.
L'argument qui a tout décidé est celui-ci : l'intérêt de la majorité est de rester sous les dra-
peaux le moins longtemps possible; or la loi
réduit la durée du service de cinq ans à trois
ans; donc la loi est bonne. Ainsi, une notion
erronée de l'intérêt général fausse l'esprit des
lois. On s'habitue à juger des institutions politiques dans leurs rapports avec des intérêts
particuliers. On oublie que si une loi faite pour
la minorité contre la majorité est mauvaise,
c'est aussi une mauvaise loi que celle qui est
faite pour la majorité contre la minorité.

La même notion erronée de l'intérêt général conduit les majorités à sacrifier l'avenir au
présent. Si la génération actuelle était seule
en cause, on comprendrait à la rigueur cette
manière de raisonner : comptons les intérêts,
et subordonnons les moins nombreux aux plus

nombreux. Mais quoi! vous ne pouvez toucher à rien, armée, finances, justice, instruction publique, sans engager l'avenir en même temps que le présent : nous souffrons des fautes d'hier, demain on souffrira des nôtres. Une génération n'est qu'un moment dans l'histoire d'un peuple; et, pour décider si une mesure en soi est bonne ou mauvaise, il faudrait en prévoir les conséquences les plus lointaines. Au contraire, les majorités ne sont frappées que du résultat immédiat. Elles répugnent aux œuvres de longue durée, elles se désintéressent des entreprises dont elles ne verront pas le terme. On peut citer, comme exemple de cette disposition d'esprit, les discussions sur la politique coloniale. Il s'agit de l'avenir de l'industrie et du commerce français : nous avons perdu de nombreux débouchés; il faut en trouver de nouveaux. On voit approcher le jour où la lutte économique ne sera plus de peuple à peuple, mais de continent à continent : l'Amérique, qui jusqu'ici absorbait une grande part de nos produits manufacturés, exporte aujour-

d'hui les siens; l'Europe ne peut maintenir sa
prospérité que si elle fonde des colonies, soit
en Afrique, soit en Asie. Je ne fais que répéter
ce qui se dit partout, dans les journaux, dans
les livres. dans les écoles, dans les salons. Et
cependant qu'avons-nous vu, depuis quinze
ans. sur cette question de la politique coloniale? Des ministres demandant avec timidité
des crédits insuffisants ; des Chambres se faisant arracher, million par million, régiment
par régiment, les hommes et l'argent nécessaires. Qu'y a-t-il au fond de toutes ces hési-
tations? La même idée de l'intérêt général mal
entendu. On regarde au présent, à l'intérêt
immédiat des contribuables; on ne regarde pas
à l'avenir du pays.

L'erreur que je combats a une conséquence
plus grave encore. Quand on ne veut voir dans
la société que des individus isolés et des intérêts particuliers, on est amené fatalement à
abandonner les traditions, à dédaigner tout ce
qui donne à une nation quelque prestige et
quelque influence. La politique des idées fait

place à la politique des intérêts. On a, du bien
public, une conception de plus en plus étroite.
L'intérêt général, c'est d'abord l'intérêt de la
majorité, puis l'intérêt d'une majorité dans la
majorité. On s'habitue à traiter les plus grandes
questions par le petit côté. Le député était le
représentant du peuple; il n'est plus que le
mandataire d'un groupe d'électeurs. C'est un
procureur qui défend de son mieux les affaires
qu'on lui a confiées : élu d'une ville manufac-
turière, il votera pour la protection; élu d'une
ville commerçante, pour le libre échange. Quand
ce n'est pas l'intérêt qui parle, c'est la passion.
Le ton général de la discussion s'abaisse dans
les assemblées publiques. L'horizon se rétré-
cit : on se laisse absorber de plus en plus par
les luttes intérieures, dans le pays comme dans
le parlément, et on ne donne plus aux choses
du dehors l'attention qu'elles méritent. Ainsi,
la notion erronée de l'intérêt général fait qu'on
perd peu à peu cette hauteur de vues, cette suite
dans les idées et dans les actes, sans lesquelles
il n'y a pas de politique nationale.

CHAPITRE III

SUBSTITUTION DES GROUPES AUX PARTIS
POLITIQUES

I

Nous avons noté trois tendances dans les majorités : faire les lois pour le plus grand nombre au lieu de les faire pour tous, se préoccuper du présent plus que de l'avenir, enfin remplacer la politique des idées par la politique des intérêts. Ces trois tendances ont ce caractère commun, qu'elles substituent un point de vue particulier au point de vue général. Le résultat est de briser les cadres de la

politique, d'éparpiller les forces et de faire
que des groupes se forment avec les débris
des partis.

Dans la pensée des hommes d'État et des
publicistes les plus compétents de tous les
pays, l'existence de partis fortement organisés est une condition essentielle de la liberté.
Nous avons à cet endroit quelque préjugé, sans
doute parce que chez nous les partis ne sont
pas ce qu'ils sont ailleurs. Dans tous les pays
d'Europe, excepté peut-être en Espagne, la
forme du gouvernement est hors de discussion ; dans notre pays, c'est la première des
questions politiques, celle qui partage les
électeurs en deux camps. Partout, en Angleterre, en Belgique, en Autriche, en Italie, les
partis sont divisés sur les principes de gouvernement ; en France, sur la forme de gouvernement. Là, l'opposition est constitutionnelle ; ici, elle tend toujours à sortir de la
constitution. Là, elle veut améliorer ce qui
existe ; ici, le détruire. Les monarchistes ne
désarment pas plus sous la république que les

républicains sous la monarchie. Le parti vaincu
est un ennemi systématique, qui blâme indis-
tinctement les meilleures mesures et les pires.
Ayant sans cesse ce spectacle sous les yeux,
nous sommes frappés du mal que peuvent
faire les partis ; nous en oublions les bienfaits.

Le propre des partis, c'est de maintenir les
principes politiques. Je sais qu'il est de mode
aujourd'hui de se moquer des principes. Des politiciens d'aventure nous disent effrontément :
« Il n'y a pas de principes, » c'est-à-dire : « Il
n'y a ni bien ni mal, ni juste ni injuste » ; et
après cet aveu dépouillé d'artifice, ils s'étonnent
que nous hésitions à mettre nos affaires dans
leurs mains. Si l'on veut dire qu'il n'y a pas
de principes absolus, applicables en tout temps
et en tout lieu, on ne fait qu'exprimer une
vérité banale ; mais si l'on prétend, comme
quelques-uns, qu'il n'y a ni tradition ni règle,
qu'on peut mépriser impunément toutes les
leçons de l'expérience, ne regarder qu'à l'intérêt de l'heure présente et défaire le lendemain

ce qu'on a fait la veille, c'est la négation de toute politique digne de ce nom.

L'idée fait les partis, l'intérêt fait les groupes. On se trompe quand on accuse les partis de porter atteinte à l'indépendance des opinions : les membres d'un parti ont de toute nécessité certains principes communs; ils ne pensent pas de même parce qu'ils forment un parti, mais ils ont formé un parti parce qu'ils pensaient de même. Dans un parti qui a une suffisante cohésion, les hommes qui le composent peuvent voter différemment sur des questions d'ordre secondaire; mais s'ils ne sont pas d'accord sur quelques idées essentielles, s'ils n'ont pas un même programme de gouvernement, on peut dire qu'il n'y a plus de parti, parce qu'il n'y a plus de principes. De même, quand on parle de la direction d'un parti, il ne faut pas entendre que quelques-uns imposent leur volonté à tous : cela signifie seulement que le parti a choisi pour chefs ceux qui représentent l'opinion commune avec le plus de compétence ou d'éclat. Quand le parti arrivera aux affaires, c'est à ces hommes et non à d'autres que le gouvernement sera confié ; mais si chacun veut sa part du pouvoir, si l'on se dispute les portefeuilles, s'il faut, dans la formation d'un cabinet, tenir compte des ambitions individuelles autant que des convenances générales, on peut dire qu'il n'y a plus de parti, parce qu'il n'y a plus de discipline. Dans tous les pays où il existe des partis fortement organisés, les hommes qui forment ces partis peuvent appartenir à des classes différentes, avoir des intérêts contraires : ce qui fait leur union, c'est une communauté de vues sur la meilleure manière de gouverner. Par là, la politique des partis tend à faire prévaloir les idées sur les intérêts.

Si, au contraire, les députés représentent des intérêts plus que des idées, les partis ne tardent pas à se désagréger. Un intérêt particulier, quelque considérable qu'il soit, l'intérêt d'un département, d'une région, d'une classe sociale, n'est pas un principe de gouvernement. Ceux qu'un même intérêt a réu-

nis aujourd'hui, un intérêt contraire les sépa-
rera demain. Plus de suite, plus de cohésion,
plus de direction, plus de discipline. La politique des intérêts n'est qu'un château de cartes.
Comment les partis pourraient-ils se maintenir sans les principes qui les faisaient vivre?
Distinguer l'intérêt général de la somme des
intérêts particuliers, faire concourir toutes les
forces à un même but, avoir un programme de
gouvernement bien défini, continuer l'œuvre
du passé, préparer l'œuvre de l'avenir, autant
d'idées qui sont lettre morte pour les majorités. La poursuite d'un bien immédiat et
changeant empêche toute continuité dans l'effort. On est divisé dans le parlement comme
on est divisé dans le pays : même mépris de la
hiérarchie, même tendance au nivellement.
L'esprit individualiste fait son œuvre dans la
politique comme partout, dans la famille, dans
l'industrie, dans l'art, dans la morale. Les partis
politiques s'émiettent. C'est un régiment sans
cadres, sans chefs, qui se débande à droite et
à gauche. Il se forme des groupes qui, au lieu

de la grande guerre, ne font plus qu'une guerre de partisans, tantôt sous un drapeau, tantôt sous un autre. Pour constituer un parti politique, il fallait un certain nombre d'idées générales; pour constituer un groupe politique, il suffit d'un turbulent, entouré d'une demi-douzaine de médiocres.

Dans un parti, l'ambition individuelle est disciplinée : quelques hommes de mérite sont en évidence, les autres restent dans le rang. Il n'en est pas de même dans un groupe; ici, l'ambition de chacun a libre carrière. Tel n'était rien dans un parti de deux ou trois cents membres, qui devient quelqu'un dans un groupe de vingt ou trente personnes : il est président, vice-président, secrétaire, rapporteur; ses électeurs voient son nom dans le journal. « J'aime mieux, disait cet ambitieux, être le premier dans un village que le second à Rome. » L'importance de l'individu est en raison inverse de celle du groupe dont il fait partie. Le groupe lui-même est plus ou moins important, non d'après le nombre ou la valeur

de ses membres, mais d'après la place qu'il
occupe sur l'échiquier parlementaire. Un zéro
à gauche d'un chiffre n'y ajoute rien, à droite
il le décuple; ainsi un groupe, passant de
gauche à droite, peut tout changer. Il ne dispose que de vingt ou trente voix ; mais il arrive que vingt ou trente voix déplacent la majorité. Quand un ministre a devant lui des
partis organisés, sa situation est nette : il
s'élève avec son parti, et tombe avec lui. Mais
s'il doit manœuvrer au milieu de groupes qui
forment entre eux des combinaisons impré-
vues, se séparant ou se rapprochant selon leur
intérêt ou leur passion, confondant dans une
alliance d'un jour les opinions les plus dispa-
rates et les hommes les plus contraires, alors
un ministre est tout le temps sur la corde
raide. Il se tient en équilibre, l'œil fixé sur les
différents groupes : ce n'est pas les plus considérables qui attirent le plus son attention, car
ceux-là sont franchement pour lui ou contre
lui; mais il y a tel petit groupe, composé des
plus obscurs ou tout au moins des plus hési-

tants, de qui dépend la victoire ou la chute.
Un cabinet est renversé : il avait obtenu, la
semaine dernière, un vote de confiance ; a-t-il
donc, en huit jours, démérité du parlement?
Ce n'est pas de cela qu'il s'agit. Et de quoi
donc? Du groupe *Un tel,* qui était content hier
soir et ne l'est plus ce matin. Les cabinets
tombent comme des capucins de cartes. Est-il
juste, ainsi que je l'entends faire autour de
moi, d'en accuser les partis? Eh! non ; c'est au
contraire parce qu'il n'y a plus de partis, dans
le vrai sens du mot, qu'il devient de plus en
plus difficile de former une majorité de gouvernement.

II

Il me semble que la substitution des groupes
aux partis politiques est un des faits les plus
graves de notre temps. Ce fait n'est point particulier à la France. Traversez la Manche ;
vous verrez, sur la terre historique du parle-

mentarisme, quelque chose d'analogue à ce
qui se passe chez nous. Pendant longtemps,
il n'y a eu en Angleterre que deux partis,
représentant les deux grands principes de la
politique : l'un, la tradition; l'autre, le progrès. Quand le parti conservateur gouvernait,
l'opposition libérale était un frein à l'esprit de
réaction; quand le parti libéral arrivait au
pouvoir, l'opposition conservatrice était un
frein à l'esprit révolutionnaire. Et comme,
d'ailleurs, les mœurs étaient d'accord avec les
institutions, il y avait toujours équilibre dans
la chose publique. Le mécanisme fonctionnait
avec une régularité géométrique; si bien que
les philosophes, qui quelquefois se hâtent trop
de généraliser les faits particuliers, croyaient
avoir découvert le caractère essentiel du régime parlementaire : deux grands partis, de
force à peu près égale, prenant tour à tour la
direction des affaires. Et s'il se formait un
troisième parti? Cela ne s'était jamais vu; il
semblait que cela ne dût se voir jamais. Voici
cependant que des noms nouveaux font retentir

les voûtes de Westminster : on entend parler
de *parnellistes*, d'*unionistes*, que sais-je encore !
Les partis classiques, les whigs et les tories,
n'ont plus la cohésion d'autrefois : il y a dans
leurs rangs des mécontents, des indisciplinés ;
tel trouve que son parti va trop loin, tel autre
pas assez. Quand je lis les comptes rendus de
la Chambre des communes, quand je vois
qu'on est divisé sur les principes là-bas comme
ici, que la majorité est changeante, que des
coalitions se font et se défont entre les partis
opposés, qu'un cabinet est réduit à chercher
l'appoint de quelques voix tantôt à gauche et
tantôt à droite, qu'un ministère, hier tout-
puissant, est renversé aujourd'hui, je suis
tenté de me demander : Sommes-nous à Lon-
dres, ou à Paris?

Des deux côtés de la Manche, les mêmes
causes ont produit les mêmes effets. Les progrès de l'industrie, la facilité des communica-
tions, l'accroissement inouï de la richesse publique, la préoccupation exagérée des intérêts
matériels, l'extension progressive du droit de

suffrage, ont changé la politique en même temps que les mœurs. Si la transformation a été moins rapide chez un peuple que chez l'autre, c'est qu'ici elle a été favorisée par les institutions et par les lois sorties de la Révolution, et que là elle a trouvé un obstacle dans les lois et les institutions du passé. Nous avons le suffrage universel depuis quarante ans; nos voisins, allant d'étape en étape, n'y arriveront pas avant quelques années. Il n'en est pas moins vrai qu'avec sa royauté constitutionnelle, sa Chambre des lords, son droit d'aînesse, ses formes aristocratiques, la vieille Angleterre est en train de devenir une démocratie. Et qu'arrive-t-il? Que le mécanisme parlementaire fonctionne d'autant plus difficilement que les majorités ont plus de part au gouvernement du pays.

S'irriter d'un changement qui est dans la nature des choses serait un enfantillage. L'avènement des masses à la vie publique devait en modifier les conditions. Le culte des idées politiques, comme le culte de l'art ou de la

science, suppose un certain degré de raffine-
ment et de loisir. A l'heure qu'il est, la plupart des hommes sont absorbés par le labeur
du jour, par le souci du lendemain : c'est
beaucoup demander que de vouloir qu'ils se
passionnent pour une tradition historique ou
une liberté politique. Celui qui est inquiet de
l'avenir de sa famille n'a guère le temps de
songer à l'avenir de son pays. Il est très naturel que l'intérêt immédiat tienne la première
place dans l'esprit des hommes qui vivent du
travail quotidien, c'est-à-dire de la majorité
des hommes. Les élus de la majorité, à leur
tour, doivent penser comme elle. Ainsi, l'a-
bandon de la politique des idées, l'émiettement des partis n'est pas un fait accidentel :
c'est la conséquence logique du mouvement
qui porte les sociétés modernes vers la démocratie.

Le gouvernement de cabinet, tel qu'il a
existé sous la monarchie constitutionnelle, est
chaque jour plus difficile avec une Chambre
issue du suffrage universel. De deux choses

l'une. Ou le président du Conseil, voulant former un cabinet qui ait quelques chances de durée, choisit ses collaborateurs dans différents groupes ; il distribue les portefeuilles entre ces groupes suivant leur importance respective : alors, le cabinet vit de concessions, et on a un gouvernement qui ne gouverne pas. Ou le président du Conseil, ayant un programme bien arrêté, ne fait appel qu'aux membres du parlement qui sont disposés à appliquer ce programme : alors, le cabinet représente vraiment un parti, mais il est à la merci d'une coalition des groupes.

Quand les partis sont fortement organisés, l'opposition est toujours prête à prendre le pouvoir : elle a ses chefs, ses cadres, son personnel politique et administratif. Il n'en est plus de même avec la coalition des groupes. Réunis dans l'attaque, ils sont divisés dans la victoire. L'extrême gauche et l'extrême droite peuvent bien renverser un cabinet, non le remplacer. C'est l'opposition de l'impuissance. Les luttes parlementaires sont stériles. Les

groupes, l'un après l'autre, passent leur temps
à interpeller le gouvernement. Il semble qu'un
cabinet, après un vote de confiance, ait quelques semaines devant lui : laissez-le agir, vous
le jugerez à l'œuvre. Non; hier on l'interpel-
lait sur la politique intérieure, aujourd'hui
c'est sur la politique extérieure. Les membres
du gouvernement, au lieu d'expédier les
affaires, viennent s'asseoir tous les jours pendant quatre ou cinq heures au banc des ministres; j'allais dire au banc des accusés. Le pays
ne comprend pas qu'une interpellation oiseuse
remplisse plusieurs séances, quand le budget
n'est pas encore voté. Tout ce tapage parlementaire, qui fait la joie des politiciens de
profession, trouble le manufacturier et le
commerçant. Lorsque la session est close, on
entend dire de tous côtés : « Nos députés sont
en vacances; nous voilà tranquilles pour trois
mois. » Ceux qui travaillent, ceux qui produisent, ont besoin de stabilité. Ils se fatiguent
des crises ministérielles, ils s'en prennent au
régime parlementaire lui-même; et un jour

qu'on a renversé Castelar, le général Pavia
entre dans le parlement.

III

Tout s'enchaîne dans notre situation politique : le conflit des groupes aboutit aux
majorités de coalition, et .les majorités de
coalition ont pour conséquence l'instabilité
ministérielle. En quinze ans, plus de vingt
ministères ont passé sous nos yeux : c'est un
défilé d'ombres chinoises. Il faut avouer que
la démocratie fait une terrible consommation
d'hommes publics. Dans l'ancien système parlementaire, ceux qui descendaient du pouvoir
avaient l'espoir d'y remonter; lorsqu'un cabinet se constituait, il y entrait toujours quelques
membres des anciens cabinets : cela suffisait
pour qu'il y eût, malgré tout, une certaine
suite dans la politique. Maintenant, celui qui
a été deux ou trois fois ministre est un homme
usé : passons à un autre! Chaque groupe a

son candidat. Celui-ci sera-t-il plus habile que
ceux qui l'ont précédé, plus instruit, plus compétent, plus éloquent? Non; il sera nouveau,
et c'est assez. L'expérience, qui est une bonne
note pour un ingénieur, un militaire, un
commerçant, un magistrat, est une mauvaise
note pour un ministre. Je ne voudrais rien
dire de désobligeant pour mes contemporains;
mais, en vérité, ne ressemblons-nous pas
quelquefois à ce malade qui, fatigué de la
médecine et des médecins, se confie au premier charlatan qui passe?

Il y a surtout deux départements ministé-
riels où l'instabilité peut avoir les résultats
les plus funestes : les Affaires étrangères, la
Guerre.

La diplomatie a ses traditions et ses règles
qui ne s'apprennent pas en vingt-quatre
heures. Nous voyons, dans tous les grands
États de l'Europe, des ministres des affaires
étrangères qui, en gardant leur portefeuille
pendant de longues années, sont parvenus à
se créer des relations personnelles dans les

différentes chancelleries, à diriger et inspirer
leurs agents de tout grade, à animer de leur
esprit la politique extérieure de leur pays :
nous prenons un homme qui s'est distingué
dans une profession quelconque, qui ignore
l'A B C de la diplomatie, qui ne sait pas
même une langue étrangère, et nous voulons
qu'il fasse du jour au lendemain ce que les
gens du métier n'ont appris qu'avec beaucoup
de peine et beaucoup de temps. Nous voyons
que les autres puissances choisissent leurs
représentants parmi les hommes de la carrière
et les maintiennent le plus longtemps possible
dans le même poste : nous bombardons ambassadeur un avocat ou un écrivain qui n'est
jamais sorti de son cabinet. Cependant ces
hommes nouveaux font de leur mieux : le ministre, peu à peu, connaît son personnel,
étudie les dépêches de ses prédécesseurs, se
renseigne au dehors, se met au courant des
affaires; l'ambassadeur, de son côté, s'est fait
bien venir du gouvernement auprès duquel il
est accrédité. Ils allaient l'un et l'autre rendre

des services, quand il se forme une nouvelle combinaison des groupes parlementaires : on renverse le ministre. et l'ambassadeur est rappelé.

Instabilité dans les affaires extérieures; instabilité dans les choses militaires. Les généraux se succèdent rue Saint-Dominique, comme les diplomates quai d'Orsay. Règlements sur règlements, décrets sur décrets : on modifie la forme de la tunique ou du képi; les cuirassiers sont changés en dragons, ou les dragons en cuirassiers; le port de la barbe est tour à tour interdit, obligatoire ou facultatif; un ministre supprime les tambours, un autre les rétablit. Détails sans importance, dira-t-on, et qui ne méritent pas qu'on s'y arrête; je le veux bien. Mais ce qui importait, au lendemain de la défaite, c'était la prompte réorganisation de nos forces militaires et l'étude d'un plan de campagne en vue d'une agression toujours possible. Ici, il fallait avant tout l'unité dans la pensée, la suite dans l'exécution. Or le chef de l'armée change à chaque crise parlementaire; il est soumis à tous les hasards de la politique, quoiqu'il ne soit pas un homme politique. On ne peut demander à un nouveau ministre d'accepter toutes les idées de ses prédécesseurs : on ne lui laisse pas le temps d'appliquer les siennes. Tous les ministres de la guerre, depuis quinze ans, se sont consacrés avec un absolu dévouement à l'œuvre de la défense nationale; mais ils ont poursuivi un même but par des moyens quelquefois différents. Il est permis de croire qu'un seul ministre, entouré d'hommes spéciaux, tout entier à son projet, n'ayant pas à s'inquiéter d'une interpellation parlementaire, eût fait œuvre plus rapide et plus complète.

Croyez-vous que si M. de Bismarck et M. de Moltke avaient été exposés à être renversés tous les huit jours, l'Allemagne aurait fait Sadowa et Sedan?

Ce que j'ai dit des Affaires étrangères et de la Guerre, on peut le dire de tous les services publics. L'instabilité ministérielle a pour conséquence l'instabilité administrative. Finances,

intérieur, travaux publics, instruction publique, un nouveau cabinet se croit le devoir de
toucher à tout. L'administration est comme
un livre qu'on se passe de main en main :
chacun, avant d'écrire sa page, veut déchirer
la page qui a été écrite avant lui. Rien ne se
continue, rien ne se finit. Les œuvres de longue durée, les réformes d'un caractère pratique deviennent impossibles. L'instabilité est
dans les choses et dans les personnes : dans
les choses, en ce sens que les règles administratives, les usages, les précédents sont de plus
en plus abandonnés; dans les personnes, en ce
sens que les opinions du fonctionnaire dé-
cident quelquefois de son avancement autant
que les services rendus.

Ainsi, la politique des groupes tend à désorganiser l'administration comme elle a désorganisé le parlement; mais elle ne s'en tient pas là.
Les partis disciplinés, tant qu'ils ont confiance
dans leurs chefs, leur abandonnent le gouvernement : les groupes entendent gouverner
eux-mêmes. La limite est sans cesse franchie

qui sépare le pouvoir législatif du pouvoir
exécutif. La majorité, étant toute-puissante,
souffre mal une autorité quelconque à côté
de la sienne. La Chambre se croit le gouvernement : laissez-la faire, elle réduira les ministres
au rôle de chefs de bureau. C'est l'esprit de la
Convention, avec la grandeur de la Convention
en moins. La substitution des groupes aux
partis politiques a commencé le mal; la confusion des pouvoirs l'achève.

CHAPITRE IV

LA CONFUSION DES POUVOIRS

I

Un des caractères les plus marqués du gouvernement des majorités est la tendance à concentrer toute l'autorité dans la Chambre populaire. On peut y voir une nouvelle manifestation de l'esprit simpliste appliqué à la politique. La séparation des pouvoirs est une idée trop complexe pour être acceptée facilement des majorités, et c'est pourtant la seule garantie d'un gouvernement libre.

Le pouvoir législatif et le pouvoir exécutif

sont comme deux organes qui ont des fonctions différentes; vouloir les confondre, c'est
à peu près comme si l'on demandait au cerveau de remplir l'office du cœur et au cœur
celui du cerveau. Faire les lois et les appliquer, deux tâches qui supposent des aptitudes
diverses et quelquefois contraires. A tout prendre, la confusion des pouvoirs serait moins
redoutable dans un pays, comme les États-
Unis d'Amérique, où l'on trouve, à côté d'une
forte centralisation politique, une large décentralisation administrative; mais pour une nation comme la nôtre, où la centralisation
est partout, confondre le pouvoir législatif et
le pouvoir exécutif, ce serait désorganiser du
coup tous les rouages de la vie publique. Nous
n'avons aucune autorité locale qui fasse contrepoids à l'autorité centrale. Dans la France
centralisée par Louis XIV, par la Convention
et par l'Empire, une armée de fonctionnaires
est campée comme en pays conquis. Pour
remuer quelques vieilles paperasses dans un
carton de sous-préfecture, il faut l'autorisation

du préfet, qui en réfère au ministre. Dans tous les actes importants de la vie, nous sommes saisis par la machine administrative; elle nous prend au berceau et ne nous lâche qu'à la tombe. Les empiétements du pouvoir législatif sur le pouvoir exécutif sont d'autant plus à redouter que celui-ci a un champ d'action plus étendu. Laissez les députés toucher à l'administration : ils tiendront bientôt leur département par le maître d'école, le percepteur et le garde champêtre.

On a écrit des volumes sur la séparation des pouvoirs. Tout ce qu'on a dit peut se résumer en deux mots : une assemblée nombreuse n'est pas capable d'agir; or l'action, c'est tout le gouvernement. Si vous voulez juger à quel point la séparation des deux pouvoirs est dans la nature des choses, voyez ce qui se passe dans les sociétés commerciales, les chemins de fer, les institutions de crédit, les compagnies d'assurances, partout où de nombreux intérêts se trouvent groupés. L'assemblée générale des actionnaires vote les statuts, c'est-

à-dire les lois ; elle désigne les administrateurs,
c'est-à-dire les ministres ; à la fin de l'année,
elle approuve ou elle rejette les comptes qui
lui sont soumis. Le conseil d'administration
est ordinairement composé de dix ou douze
membres ; c'est encore trop pour l'action de
tous les instants. Il faut examiner rapidement
les questions, prendre un parti sur l'heure,
ménager les personnes, transiger sur les intérêts : c'est le rôle d'un homme ou d'un très
petit nombre d'hommes. Dans toutes les affaires bien conduites, le pouvoir exécutif est
concentré en quelques mains seulement : président, directeur, administrateur délégué, secrétaire général, le nom ne fait rien à la chose.
Le conseil d'administration délibère sur les
questions les plus importantes, ouvre les crédits, approuve les traités, indique la ligne à
suivre aux hommes chargés d'exécuter, mais
n'exécute pas lui-même. *Conseiller* et *contrôler*,
voilà ce que peut faire utilement une assemblée, et rien d'autre.

C'est peu pour quelques-uns de nos députés.

Faire les lois ne leur suffit pas; ils entendent
les appliquer eux-mêmes. Ils entrent dans le
détail du gouvernement. Ils veulent tout savoir jour par jour. Il faut que les affaires se
traitent en plein parlement. S'agit-il de négo-
ciations diplomatiques, on exigera que les dépêches soient lues à la tribune, au risque de
tout compromettre. S'agit-il de finances, on
ne se contentera pas de discuter le projet du
gouvernement, on fera un contre-projet : nous
apprendrons un beau matin par les journaux
qu'il y a deux budgets, celui des ministres et
celui de la commission. On aurait pu se demander parfois, au cours des dix dernières
années, où était le gouvernement, et s'il y
avait un gouvernement. D'où vient le mal? De
ce que la majorité veut diriger au lieu de conseiller, exécuter au lieu de contrôler.

J'admets que chacun de nos cinq cents députés soit par lui-même un administrateur
émérite, mais je dis qu'une assemblée de cinq
cents membres est incapable d'administrer :
mettez le double de membres, et l'assemblée

sera deux fois plus incapable; mettez-en le triple, et son incapacité triplera en même temps. Cavour a fait l'unité de l'Italie parce qu'il n'y avait qu'un Cavour : supposez cinq cents individus animés du même génie et d'un égal patriotisme, menant la diplomatie, dirigeant les armées, et l'Autrichien serait encore là. Je répète des lieux communs, je le sais ; mais il faut bien revenir au lieu commun quand le paradoxe politique nous déborde.

L'incapacité administrative d'une assemblée est indépendante du plus ou moins de mérite individuel de ses membres : c'est un fait général, dont on peut donner plusieurs raisons.

Et tout d'abord, ce qui est l'essence d'une assemblée, c'est-à-dire la discussion publique, est la pire des conditions pour l'œuvre administrative. C'est dans le silence du cabinet, en s'entourant de renseignements de toute sorte, en consultant les hommes spéciaux, en étudiant les dossiers pièce par pièce, en pesant froidement le pour et le contre, qu'un bon administrateur fait sa besogne. Le calme, le re-

cueillement lui sont nécessaires, et c'est précisément ce qui manque le plus à une assemblée
politique. Il y a une sorte d'action magnétique
dans l'appareil des séances, dans la présence
du public, dans l'éloquence des orateurs, dans
les applaudissements ou les interruptions de
la Chambre. Le député qui est à la tribune ne
parle pas seulement pour ses collègues; il
parle pour plusieurs millions d'individus, qui
liront son discours dans les journaux. S'il veut
se faire entendre de tous, il doit élever le ton,
comme l'acteur grec qui parlait au travers
d'un masque pour que sa voix portât jusqu'aux
derniers rangs de la foule. L'orateur arrive
ainsi, sans s'en rendre compte, à forcer sa
pensée. Il en est de même des auditeurs : chacun exagère l'expression de son approbation
ou de son blâme; chacun entraîne ses voisins,
et est entraîné par eux. Plus une assemblée
est nombreuse, plus la sympathie, la colère,
la haine, l'enthousiasme s'y traduisent sous
une forme passionnée : or rien n'est plus
contraire que la passion à l'esprit des affaires.

Une assemblée est incompétente dans toute question technique. Il y a, dans les services publics, un certain nombre de règles dont on, doit tenir compte sous peine de tout désorganiser : ou les membres d'une assemblée ignorent ces règles, ou ils tendent à s'en affranchir, faute de l'expérience qui peut seule en montrer l'utilité. Il arrive à chaque instant que des intérêts complexes sont en jeu et qu'il faut concilier des points de vue contraires : or la majorité d'une assemblée penche toujours vers les solutions les plus simples. En un mot, l'administration est surtout dans le détail des faits, et un parlement n'en peut connaître que l'ensemble.

Une assemblée est changeante. Je ne parle pas seulement des entraînements d'un jour; mais, alors même que la majorité resterait fidèle au même programme pendant toute la durée d'une législature, il y aurait encore les changements que de nouvelles élections apportent dans la composition du parlement. Pour créer une tradition administrative, trois ou

quatre ans ne suffisent pas : ce n'est qu'une
longue habitude qui développe chez les fonctionnaires l'esprit de corps, le respect de la
hiérarchie, le sentiment du devoir professionnel. La tradition peut dégénérer en routine ; mais, faute de tradition, l'administration
périt par l'instabilité. De ces deux maux, routine ou instabilité, le lecteur jugera lequel est
le plus à redouter d'une assemblée.

Enfin, une assemblée est irresponsable, et
c'est peut-être la plus forte raison de son incapacité administrative. La responsabilité, étant
chez tous, n'est chez personne. Une responsabilité qu'on partage avec cinq cents collègues
est légère à porter. Il n'existe aucune sanction
au vote d'un député, pas même le blâme de
ses électeurs : son mandat expire dans deux
ans, dans trois ans ; d'ici là, qui se souviendra
d'un vote ? Un ministre, au contraire, est toujours responsable, non seulement devant le
parlement, mais devant l'opinion. Son intérêt
est de prendre des collaborateurs habiles,
d'administrer le mieux possible. Son porte-

feuille est l'enjeu de la partie qu'il joue. La
Chambre peut lui indiquer une ligne à suivre,
un but à atteindre ; mais il n'est que juste de
lui laisser le choix des moyens.

II

Les ministres sont des administrateurs, tout
comme les administrateurs d'une société quelconque : ils doivent être soumis aux mêmes
règles. Au lieu de la fortune de quelques-uns,
ils gèrent la fortune de tout le monde. Plus
l'intérêt qui leur est confié est considérable,
plus ils doivent être responsables ; mais plus
ils sont responsables, plus ils doivent être libres
d'agir.

Est-ce ainsi que les choses se passent ? Un
cabinet vient d'être constitué, il se présente
devant les Chambres, il expose son programme,
et un ordre du jour de confiance est voté à une
grande majorité : sans doute ce cabinet va
pouvoir s'occuper d'affaires. Oui, si on lui en

laisse le temps. Les députés sont déjà en campagne; ils font le siège en règle des différents ministères. Chacun veut intervenir dans l'administration de son département : c'est un chemin à ouvrir, une école à construire, un fonctionnaire à révoquer, un autre à faire avancer, autant d'affaires qui ne souffrent pas vingt-quatre heures de retard. On me dit que les luttes d'influence, les conflits de pouvoir sont de tous les temps : je le crois; mais je crois aussi qu'un cabinet pouvait se défendre plus facilement quand il avait devant lui des partis organisés, qu'il ne le peut au milieu de groupes sans consistance. Si le régime parlementaire fonctionne de façon normale, le ministère qui a mécontenté deux ou trois députés n'a mécontenté que deux ou trois individus : la majorité qui l'a porté au pouvoir conserve sa cohésion; les mécontents eux-mêmes, dans un parti bien discipliné, hésitent à se séparer de leurs collègues. Mais s'il n'y a plus dans le parlement que des groupes, deux ou trois mécontents, appartenant à des groupes différents, peuvent entraîner quelques amis avec eux et faire perdre au cabinet vingt ou trente voix. Ainsi, le danger de la confusion des pouvoirs est d'autant plus grand que les partis politiques sont plus désorganisés.

Ceci n'est pas un pamphlet; mais j'écris ce que tout le monde voit, ce que tout le monde dit. Un député, aujourd'hui, est l'homme le plus puissant de son département. Tel n'a jamais pris la parole en séance publique, n'a jamais fait travail utile dans une commission, sans autorité au Palais-Bourbon, simple machine à voter, qui, une fois rentré chez lui, devient un personnage. Il tient le préfet en échec. Tout agent de l'administration, petit ou grand, doit compter avec lui. Il fera révoquer, suivant son bon plaisir, un garde champêtre ou un trésorier général. L'électeur qui peut dire : « J'ai mon député pour moi », croit avoir partie gagnée. Un député se mêle de tout, et même de ce qui ne le regarde pas. Je ne suis rien, citoyen obscur, payant régulièrement mes contributions : donnez-moi la protection d'un

député, et je deviendrai peut-être fonctionnaire
tout comme un autre. Si c'est un sénateur qui
me protège, tout au plus serai-je nommé officier d'académie. Et cependant ce sénateur sera
un homme qui a rendu des services publics ;
savant, avocat, écrivain, médecin, manufacturier, il aura honoré sa profession ; républicain
de la veille, il aura vingt ans combattu pour
les idées libérales au prix de son repos et de
sa fortune. Et ce député? Peut-être un inconnu,
homme du lendemain, et qui ne serait rien s'il
n'était député.

De là, une nouvelle forme de centralisation,
très curieuse à étudier pour le moraliste, mais
inquiétante pour le politique. Tout se fait à
Paris, par le député autant que par le ministre.
Un préfet s'aperçoit qu'une main cachée para-
lyse son action : c'est le député. Un chef de
bureau apprend qu'il est mal noté et que tout
espoir d'avancer lui est interdit : encore le député. Un maître d'école est éloigné de la commune où il avait famille, amitiés, habitudes :
toujours le député. La politique fausse tous

les rouages de l'administration. L'intérêt électoral devient le grand ressort de la vie publique. Le fonctionnaire s'appuie sur le député, et le député sur le fonctionnaire. Qu'en résulte-t-il ? qu'au lieu de décentraliser, on centralise chaque jour davantage ; qu'au lieu de diminuer le nombre des agents dans les différents services publics, on l'augmente ; que des hommes nouveaux débutent par des postes où l'on ne parvient d'ordinaire qu'après de longs services ; que ces chefs improvisés ignorent la tradition et les règles administratives ; que les subalternes, voyant la hiérarchie méconnue, se découragent ; qu'on fait plus de fond sur la protection pour avancer que sur le travail personnel ; que l'esprit de corps, du haut au bas de l'échelle, s'affaiblit ; enfin que le fonctionnaire, incertain du lendemain, se désintéresse de sa fonction.

Direz-vous que le mal n'est pas aussi grand ? Je souhaite que cette peinture vous paraisse forcée ; mais elle pourra bientôt vous sembler trop faible, si l'on ne met un terme à la con-

fusion des pouvoirs. Le premier devoir des
gouvernants, à l'heure où nous sommes, est
d'assurer l'indépendance de l'action administrative et de protéger les agents de tout grade
contre les influences parlementaires. On parle
de réformes nécessaires dans les services publics ; mais pour que ces réformes soient utiles,
encore faut-il qu'elles aient été préparées avec
calme, avec compétence, en dehors de toute
question de personne et de tout esprit de parti.
Prenons garde ; nulle part peut-être l'administration ne tient une aussi grande place que chez
nous ; elle est partout, elle touche à tout : on
ne pourrait la désorganiser sans désorganiser
la France même.

CHAPITRE V

I

Voici un dernier trait qui caractérise le gouvernement des majorités : partout où le nombre est souverain, on voit se former une classe d'hommes qui fait de la politique sa profession et sa chose. La seule condition pour être élu étant d'obtenir la moitié plus un des suffrages, tout citoyen se croit apte aux fonctions et aux magistratures publiques ; les groupes se substituant aux partis politiques, un homme de facultés moyennes, qui se serait éclipsé dans un

parti, peut espérer de briller dans un groupe ;
l'autorité étant dans les assemblées délibéran-
tes, chacun peut avoir sa part de pouvoir sans
responsabilité effective ; par-dessus tout, l'instabilité introduit dans la politique un facteur
nouveau, qui séduit l'imagination : c'est l'inconnu, c'est la porte ouverte à tous les rêves,
et plus d'un politicien pose sa candidature
comme on prend un billet à la loterie. Toutes
ces causes réunies font que, pour quelques-
uns, la politique devient une carrière.

A première vue, ceci n'a rien de contraire à
l'intérêt public. Pourquoi n'y aurait-il pas des
spécialistes en politique, comme dans toutes
les autres branches de l'activité humaine ? Sans
doute le politicien se sera préparé à la vie publique, comme tout homme se prépare à la
profession qu'il a choisie ; il aura commencé
par recevoir une éducation libérale ; ensuite,
voulant connaître les lois de son pays, il aura
pris ses degrés dans une école de droit ; il se
sera mis au courant des questions économiques
et financières ; il aura fait de l'histoire une étude

approfondie; il aura vécu dans un commerce prolongé avec tous les penseurs qui ont traité des grands intérêts sociaux; il aura voyagé chez différents peuples, comparant les mœurs et les institutions; enfin, il aura fait un stage dans quelque administration, comme le futur notaire dans une étude ou le futur médecin dans un hôpital : alors, possédant toutes les connaissances qui peuvent lui être utiles, il viendra solliciter les suffrages de ses concitoyens. Le portrait est-il ressemblant, et quel est cet homme-là? — C'est l'homme politique, direz-vous. — Oui; mais le politicien n'est pas l'homme politique.

Le politicien entre dans la carrière avec un bagage léger, semblable au coureur antique qui se dépouillait de tout poids inutile. Il n'a pas besoin d'études, car sa seule étude est de plaire à la majorité; il n'a pas besoin de principes, car son seul principe est que la moitié plus un a toujours raison. Il ne sait pas, il est vrai, l'art de conduire la foule; mais il sait l'art, autrement difficile, de lui être toujours

agréable. César rapporte un joli mot d'un chef
gaulois : « La multitude a autant de pouvoir
sur moi, que moi sur elle. » Ce Gaulois était
un politicien. Les républiques de l'antiquité
ont souffert comme nous de l'influence des politiciens : nous nous plaignons qu'ils aient pris
trop d'empire; ils étaient autrement puissants
à Athènes, et autrement redoutables. Rappelez-vous qu'Aristophane, n'ayant pas trouvé
un comédien pour jouer le rôle de Cléon, pas
un artisan pour en fabriquer le masque, fut
obligé de monter sur la scène, le visage bar-
bouillé de lie, et de représenter lui-même le
principal personnage de sa pièce. On paraît
croire quelquefois que le politicien est un produit tout moderne, d'importation américaine;
rien de plus faux. Le politicien est un phénomène naturel : en tout temps, en tout lieu, il
pousse dans les démocraties comme un cham-
pignon parasite.

Ce qui est peut-être le propre de notre
temps et de notre pays, c'est que la classe des
politiciens y est organisée. Elle a sa hiérarchie,

sa discipline, ses cadres. Par les comités électoraux, l'armée des politiciens se tient les
coudes; elle va de victoire en victoire, et se
prépare, si nous n'y prenons garde, à s'empa-
rer de la république. Que sont ces comités
électoraux? d'où tirent-ils leur autorité? D'autant plus forts qu'ils n'ont de comptes à rendre
qu'à eux-mêmes, ils sont sans mandat, ils ne
représentent rien ou personne. Il semble que
si le principe de l'élection ait quelque part
une application légitime, ce soit ici : on con-
cevrait chaque groupe d'électeurs nommant
un délégué, les délégués se constituant en
comité, le comité choisissant un ou plusieurs
candidats; ce serait le suffrage universel dans
son intégrité et sa sincérité. Est-ce là ce que
nous voyons? Un comité se forme, on ne sait
comment; on ne le connaît pas, et on ne connaît pas davantage ses candidats. Il n'importe;
un inconnu, patronné par cinquante inconnus,
n'est plus un inconnu. On parle des mer-
veilles de notre temps, du téléphone et de la
lampe Edison : je ne connais pas, pour moi,

de plus grande merveille que la puissance des comités. Ils ne sont rien, et de rien ils font quelque chose. Sans eux, les politiciens ne seraient que des individualités isolées ; grâce à eux, ils sont légion.

La variété est infinie dans le monde des politiciens : il y a le politicien homme d'affaires, le politicien orateur, le politicien silencieux, le solennel, le familier. Il y a même le politicien platonique. Celui-ci est président d'un comité électoral, et ne veut pas être autre chose. Ancien avoué, commerçant retiré, fonctionnaire ou rentier, il vivait tranquille dans sa petite ville : un beau matin, les facultés politiques qui sommeillaient en lui se sont réveillées subitement ; il a réuni quelques amis et constitué un comité. Depuis ce jour, on compte avec lui. Dans son parti, on l'encense ; on le ménage dans le parti contraire. Laissant à d'autres l'apparence du pouvoir, il en a la réalité. Il peut décider de la victoire ou de la défaite d'un candidat, car il est un des grands électeurs de la république. Plus sa

puissance grandit, plus il se montre désinté-
ressé pour lui-même: mais il demande pour
les autres, et il est sûr d'obtenir ce qu'il demande. Il se forme ainsi une cour de sollici-
teurs et d'obligés. Ne vous est-il jamais arrivé,
vous promenant dans les rues de quelque sous-
préfecture, de croiser un personnage à qui
tous les passants ôtent leur chapeau, et de
demander : — Est-ce un député? — Mieux
qu'un député. C'est lui qui fait les députés,
comme Warwick faisait les rois. Il préside un
comité, et ce comité dispose de vingt mille
voix.

Les comités électoraux sont un quatrième
pouvoir dans l'État. Leur autorité grandit
d'année en année. Il y a encore quelques
hommes qui s'imposent par l'éclat du nom et
des services rendus; mais combien, dans tous
les partis, qui ne doivent leur élection qu'à
l'appui d'un comité! Où est la source du mal?
Dans l'incurie des électeurs. Chacun s'occupe
de ses affaires ou de ses plaisirs; on ne se
connaît plus. on n'a plus d'idées communes;

l'individualisme a engendré l'indifférence, c'est-à-dire le pire des maux dans la vie publique comme dans la vie privée. Beaucoup d'hommes raisonnent le mieux du monde; mais ils se contentent d'exposer leurs idées en famille, au coin du feu. Nous avons la liberté de la presse : où est le bourgeois qui songe à prendre une plume et à adresser une lettre à un journal? Nous avons la liberté de réunion : en profitons-nous pour organiser des conférences, des meetings, une propagande par la parole sous quelque forme que ce soit? Non; on s'habitue de plus en plus à cette idée qu'il faut laisser la politique aux politiciens, comme la médecine aux médecins. Quand la période électorale est ouverte, les murs se couvrent d'affiches de toutes les couleurs; chaque comité a son programme : opportuniste ou radical, conservateur ou socialiste. L'électeur se décide d'après l'étiquette. Il y a quelque chose qui, chez le candidat, importe autant que le programme : c'est l'homme; mais tout ce qu'on sait de l'homme, trois fois sur quatre, c'est

que tel comité le patronne. Il suffit; et l'électeur vote délibérément pour un inconnu,
quand il vote. Le mal est grand : on peut se
demander comment il n'est pas plus grand
encore. C'est que l'organisation des comités
n'est pas parfaite. Laissez faire, continuez de
vous désintéresser de la chose publique, et
bientôt l'organisation sera achevée. Les comités d'arrondissement relèveront d'un comité
départemental; les comités départementaux
recevront le mot d'ordre d'un comité central;
quelques centaines d'individus dresseront la
liste des candidats pour le pays tout entier.
Alors sera réalisé ce paradoxe : le suffrage universel gouvernant la France, et une minorité
gouvernant le suffrage universel.

II

Avec l'avènement de la classe des politiciens, le niveau tend à s'abaisser dans les assemblées élues. On assiste à une transformation

du personnel parlementaire. Peu à peu, les comités sont amenés à rechercher non le candidat le plus compétent, mais le plus docile. Les grands électeurs ont rédigé un programme : l'homme politique le discute et quelquefois le déchire; le vrai politicien est toujours prêt à le signer. Plus les comités électoraux sont puissants, moins les candidats indépendants ont chance de réussir. A chaque élection, on voit diminuer le nombre des hommes que recommandaient leur passé, leur savoir, leur expérience des affaires : des hommes nouveaux les remplacent, qui n'ont parfois d'autre titre que d'avoir accepté un programme chimérique. Il fut un temps où Paris était représenté par des écrivains, des avocats, des professeurs, des hommes d'État célèbres dans toute l'Europe ; prenez aujourd'hui la liste des députés de la Seine : trois noms sur quatre n'ont jamais franchi les fortifications. Direz-vous qu'on peut être un très bon député sans être un homme illustre, et qu'un parlement n'est point une académie? J'en demeure d'accord; mais il n'est pas moins vrai que plus il y a dans un parlement de membres ayant une compétence spéciale, plus les discussions d'affaires sont sérieuses, et que plus il y a de membres éminents par l'esprit ou par le caractère, plus les discussions générales sont élevées. Supposez le triomphe complet des politiciens; représentez-vous une Chambre où ne se trouverait ni un savant, ni un lettré, ni un militaire, ni un jurisconsulte, ni un financier, ni un ingénieur; figurez-vous cinq cents députés ayant fait de la politique une carrière, étrangers à toute profession, enrégimentés par les comités, asservis par leur programme : il n'y aurait, dans une telle assemblée, ni connaissances techniques, ni idées générales, et les questions qui importent le plus au pays n'y seraient plus discutées qu'au point de vue d'un intérêt électoral.

Nous n'en sommes pas là; mais il n'est que temps de dire tout haut ce que beaucoup disent tout bas, à savoir que les politiciens tiennent en France une trop grande place, qu'à chaque nouvelle législature ils reviennent plus nombreux et plus forts, qu'ils pèsent sur l'administration, qu'ils prétendent aux emplois, qu'ils faussent l'opinion et sont un danger pour la république.

A qui la faute? A vous, à moi, à nous tous qui voyons le mal et n'essayons pas d'y porter remède, à nous tous qui n'avons pas le courage de notre opinion. J'entends dire souvent: Ce n'est pas à nous, démocrates, de critiquer la démocratie. Et qui donc tentera de l'améliorer, qui la sauvera d'elle-même, si ceux qui l'aiment de toutes leurs forces n'osent lui dire la vérité? Elle n'est pas incapable de l'entendre: depuis dix ans, chaque fois qu'un ministre républicain a parlé un langage ferme et courageux, il a trouvé un écho dans l'opinion publique. Nous disons que le suffrage universel est changeant: que faisons-nous pour le fixer? qu'il est incompétent: que faisons-nous pour l'éclairer? Il ne s'agit pas d'apprendre aux électeurs à lire et à écrire; il s'agit de faire leur éducation politique par la discussion de

tous les jours, par la parole, par le journal,
par le livre. Les modérés se plaignent qu'on
les écarte de la république : ils s'en écartent
bien eux-mêmes, tantôt par leur faiblesse,
tantôt par leurs préjugés. Les uns n'ont pas
l'énergie de défendre publiquement les idées
qu'ils croient vraies, de se séparer au besoin
de leurs amis, de s'exposer à la critique ou à
l'injure. Les autres, par leur éducation, par
leurs habitudes d'esprit, sont comme des étrangers dans cette démocratie qui transforme la
vie privée en même temps que la vie publique.
Il y a en France toute une classe d'hommes
instruits, indépendants, respectés par leur en-
tourage, aimant sincèrement leur pays, à qui
une légitime influence semblait réservée, et qui
par leur faute ont perdu toute autorité : ceux-
là, reculant devant les agitations de la place
publique, craignant de se compromettre ou de
se commettre, moitié par scepticisme, moitié
par timidité, se retranchent derrière le mur de
la vie privée, indifférents à toute politique
pourvu que l'ordre règne dans la rue ; ceux-ci,

vivant dans le rêve d'un autre temps, croyant qu'on peut ressusciter les idées mortes et les formes disparues, hostiles à la démocratie sans la connaître, se renferment dans une opposition de parti pris et se consolent de la puissance perdue par des épigrammes de salon ; aussi coupables les uns que les autres, car l'opposition systématique n'est pas moins indigne d'un bon citoyen que l'indifférence.

L'abstention croissante des électeurs est un signe que l'esprit public s'affaiblit. Comme on s'abstient de voter, on s'abstient d'entrer dans un comité ou d'accepter une candidature. Je me rappelle qu'un jour, à la veille d'élections municipales, rencontrant dans la rue un de mes anciens camarades de collège, républicain convaincu, commerçant notable, ce dialogue s'engagea entre nous : « On m'a dit que tu es candidat au conseil municipal? — Il est vrai qu'on avait pensé à moi, mais j'ai refusé. — Avec ton expérience des affaires tu aurais pu être utile. — Un autre fera aussi bien que moi. — Cela n'est pas certain ; mais pourquoi

ce refus qui me surprend? — Je suis trop oc-
cupé. — N'y a-t-il pas d'autre raison? — Pour
tout dire, il y avait peu de chance de succès,
et je n'ai pas envie de me déranger pour rien. »
Voilà, sous une forme naïve, le raisonnement
d'une grande partie de la bourgeoisie; c'est
ainsi que, peu à peu, elle s'éloigne des affaires
publiques. Le succès étant douteux, on recule
devant les ennuis d'une campagne électorale;
on n'a pas envie, comme disait mon ami, de se
déranger pour rien. Eh quoi! vous serez battu à
cette élection, mais vous l'emporterez peut-être
à l'élection prochaine; en parlant, en agissant,
vous pouvez espérer de ramener les hésitants
ou les indifférents; fussiez-vous même défini-
tivement vaincu, du moins vous aurez fait votre
devoir de citoyen jusqu'au bout. S'abstenir,
pour un individu ou pour une classe sociale,
c'est abdiquer. La noblesse, en s'abstenant
après 1830, a perdu toute influence. Aujour-
d'hui, l'abstention de la bourgeoisie laborieuse
et éclairée laisserait le champ libre aux politiciens de profession.

Dans tous les partis, les plus modérés sont les plus indifférents. Ils disent : Que pouvons-nous faire ? — Je réponds : Tout, excepté de vous abstenir. Il en est de la politique comme de la charité : pour combattre la misère, il faut que chacun paye de sa bourse ; pour éclairer le suffrage universel, il faut que chacun paye de sa personne. Nous trouvons que les politiciens élèvent trop la voix dans la république : nous oublions qu'on les entend d'autant mieux que nous restons silencieux. Sous un gouvernement libre, tout homme qui a quelque chose à dire et qui ne le dit pas est coupable. De ce côté-ci de l'Atlantique comme de l'autre, c'est l'indifférence des électeurs qui fait la force des politiciens. Des hommes qui seraient capables de gérer les affaires publiques se plaignent que la majorité les a abandonnés, et ils s'abandonnent eux-mêmes. Pour moi, toutes les fois qu'on me signalera les erreurs ou les fautes de la majorité, j'accuserai la minorité qui déserte la lutte.

III

En résumé, le gouvernement des majorités
se reconnaît à certains caractères qui sont les
mêmes dans tous les pays et à toutes les époques. C'est d'abord la confusion qui s'établit
dans les esprits entre le bien public et le bien
du grand nombre ; d'où, une tendance à sacrifier les intérêts collectifs aux intérêts particuliers, les intérêts futurs aux intérêts présents.
L'axe de la politique, si l'on peut ainsi parler,
se déplace : les traditions sont abandonnées,
les idées générales deviennent suspectes. Les
partis, n'ayant plus de principes, n'ont plus de
cohésion ; ils se divisent, s'émiettent, et on
voit se former des groupes de plus en plus
nombreux. Un gouvernement qui s'appuie non
plus sur un parti politique plus ou moins fortement organisé, mais sur des groupes sans
direction et sans discipline, est à la merci
d'une majorité de hasard. L'instabilité minis-

térielle a pour corollaire l'instabilité administrative : nouveaux ministres, nouveaux fonctionnaires. On change les lois comme on change
les hommes. Dans ce perpétuel va-et-vient,
chacun peut espérer de réussir à son heure, la
porte est ouverte à toutes les ambitions, la
politique devient une carrière : alors apparaissent ceux qu'on nommait à Athènes les démagogues, ceux qu'on nomme à New-York les
politiciens. Peu à peu, la masse des citoyens
se désintéresse de la chose publique. On veut
l'ordre, la stabilité, et on est prêt à accepter
tout gouvernement qui donnera la stabilité et
l'ordre. On arrive insensiblement à l'indifférence en matière politique : c'est l'écueil où
la démocratie est menacée de sombrer.

Il y a une erreur initiale de laquelle dérivent
toutes les autres : croire que le nombre est le
principe de toute autorité; que la moitié plus
un a le droit d'imposer sa volonté, toujours
et partout, à la moitié moins un; que la démocratie est le gouvernement de la majorité,
tandis qu'elle doit être, comme le mot l'in

dique, le gouvernement du peuple tout entier.

On dit que le suffrage universel est la première condition du régime démocratique : rien de plus vrai. Nous n'avons pas besoin de traverser l'Atlantique pour constater le mouvement qui porte les sociétés modernes vers le suffrage universel, il suffit de regarder autour de nous : en Angleterre, chaque réforme électorale a donné les droits politiques à une nouvelle classe de citoyens ; en Allemagne, le suffrage universel nomme le Reichstag ; en Suisse, il nomme le Conseil national ; en Espagne, on a abaissé le cens électoral et admis l'adjonction des capacités ; en Italie, le plus pauvre des citoyens peut voter s'il a subi avec succès un examen sur les matières de l'enseignement élémentaire ; partout, en Europe, le suffrage restreint a disparu ou va disparaître. C'est un fait. D'autres peuvent le déplorer ; pour moi, j'y vois un progrès, et je crois que le droit de vote accordé à chaque citoyen est précisément le signe qui distingue le nouveau monde politique de l'ancien. Mais s'ensuit-il que tout soit

dit quand on a proclamé le suffrage universel,
et qu'il n'y ait plus qu'à compter les voix ; que
la majorité ait tous les droits, et que la minorité soit condamnée au silence ; que nous ne
devions voir dans la société qu'une réunion
d'individus, un total d'unités égales entre
elles, et que les forces sociales, les groupes,
les intérêts, les idées ne soient plus que des
quantités négatives ; enfin, que le suffrage
universel, tel que nous le pratiquons, soit la
fin suprême et le dernier mot de la démocratie ?

La grande loi de l'évolution est vraie ici
comme partout. Le suffrage universel est des-
tiné à se transformer, parce que tout se transforme dans la politique aussi bien que dans la
nature. Ne considérer dans la société que les
individus et faire tout décider par la moitié
plus un, c'est la forme la plus simple du suffrage universel : pour croire, comme quelques-uns, que c'en est la forme définitive, il
faudrait oublier que dans tous les temps, chez
tous les peuples, l'histoire nous montre les
institutions qui se modifient et se compliquent

sans cesse. Et de même, le régime parlementaire doit se transformer. Il se transforme
déjà : au lieu d'un roi héréditaire, voici un
président élu ; au lieu d'une Pairie à vie, un
Sénat à temps ; au lieu d'une Chambre nommée
par certaines catégories de citoyens, une Chambre nommée par tout le monde. Aux États-
Unis, les changements sont encore plus pro-
fonds que chez nous : la Constitution de 1789
a si profondément modifié le type primitif du
régime parlementaire qu'il nous est impossible
de le reconnaître. Dans les autres républiques
de l'Amérique où l'on retrouve un chef du
pouvoir exécutif, une Chambre haute et une
Chambre basse, ces trois rouages essentiels
du système représentatif fonctionnent dans
des conditions différentes suivant les États.
C'est partout la même loi : les institutions,
comme les individus, s'adaptant aux milieux.

Comment organiser le suffrage universel
pour que le parlement représente, non une
majorité incertaine, mais le pays tout entier ?
Comment modifier le régime parlementaire

pour l'adapter au milieu, c'est-à-dire au suffrage universel? La question est actuelle. Elle intéresse tout bon citoyen. Des hommes éminents l'ont traitée : je me servirai de leurs travaux; je chercherai en même temps, dans les lois constitutionnelles de divers peuples, des faits et des exemples.

CHAPITRE PREMIER

LA REPRÉSENTATION DES MINORITÉS

I

Je suppose qu'un voyageur vous ait conté qu'il existe quelque part une tribu dont les membres se réunissent, à de certains jours, pour décider de leurs intérêts communs. Chaque membre de la tribu prend un petit morceau d'écorce, et y fait une marque bleue ou rouge; c'est leur manière de voter oui ou non, gauche ou droite. L'opération terminée, les morceaux d'écorce marqués de bleu sont mis à part et comptés avec soin; quant aux morceaux mar-

qués de rouge, on les jette au feu sans autre
cérémonie. D'autres fois, au contraire, c'est
les rouges qui seuls sont comptés, et les
bleus détruits. Vous vous écriez : Voilà qui
est absurde! — Prenez garde : cette tribu,
c'est nous; cette loi qui vous semble absurde,
c'est la nôtre.

On nous dit que nous avons le suffrage universel, et nous n'avons que le suffrage des
majorités. Quand les bleus sont les plus nombreux, les rouges comptent pour zéro; quand
les rouges triomphent, on annule les bleus.
Nous voyons des circonscriptions électorales
partagées par moitié entre deux opinions contraires : l'équité, le bon sens voudraient que
ces deux opinions fussent à peu près également représentées; mais l'esprit simpliste ne
l'entend pas ainsi. Aujourd'hui, dans tel département, les libéraux l'emportent de quelques
centaines de voix : il suffit pour que les conservateurs n'aient pas un seul représentant.
Demain, ce sera le tour des conservateurs, et
les libéraux seront condamnés au silence. On

a proclamé le suffrage universel au nom de
l'égalité, et les suffrages ne sont pas égaux :
si je suis dans la majorité, mon bulletin est
une voix; dans la minorité, ce n'est plus qu'un
chiffon de papier. La moitié plus un est tout,
et rien la moitié moins un. Démocrate, je dis
que nous n'avons de la démocratie que le nom.
Quand le pouvoir est dans une fraction, que
la minorité opprime la majorité ou que la
majorité opprime la minorité, on ne peut pas
dire que c'est le peuple qui gouverne.

Lisez cette page de Louis Blanc; elle vaut
qu'on la médite :

« La majorité doit avoir plus de représentants que la minorité; fort bien. Mais s'ensuit-
il que la minorité n'en doive pas avoir du tout?
C'est pourtant ce qui arrive. Le représentant
élu est celui de la majorité, et le vote de la minorité se trouve n'avoir pas plus de valeur,
l'élection faite, que si la minorité n'existait pas.
J'admire ceux qui définissent le régime absolu
de la majorité *gouvernement du peuple par lui-
même*, et qui, cela fait, se croient de grands

démocrates. J'affirme, moi, au nom de l'évidence, que c'est là tout simplement le gouvernement du plus petit nombre par le plus grand
nombre. Or, que le plus grand nombre l'emporte sur le plus petit, soit; mais le plus petit
nombre doit-il être compté pour rien, absolu-
ment pour rien? Il est des cas où la majorité
n'est que la minorité plus un, et la minorité
la majorité moins un; prétendra-t-on qu'il
suffit d'une voix de différence pour faire que
l'une des deux fractions soit le peuple, et que
l'autre soit le néant?... Partout où la voix des
minorités est étouffée, que dis-je? partout où
elles n'ont pas leur influence proportionnelle
sur la direction des affaires publiques, le gouvernement n'est qu'un gouvernement de privilège, au profit du plus grand nombre, et
n'oublions pas que la tyrannie germe dans
tout privilège. »

Notre système électoral, qui donne tout à
la majorité, rien à la minorité, mérite-t-il le
nom de suffrage universel? On consulte, il
est vrai, le pays tout entier; mais on ne tient

pas compte de la réponse d'un quart ou d'un
tiers des électeurs. Les idées les plus justes,
les intérêts les plus légitimes ne peuvent se
faire entendre s'ils n'ont pour eux la moitié
plus un des votants. Nous avons inscrit dans
nos lois le droit de la majorité, sans réserve,
sans limite : or, suivant un mot profond de
M. Ernest Naville, le droit de la majorité est
le principe des décisions, non le principe des
élections. Lorsque, dans une assemblée grande
ou petite, il faut prendre un parti, se pro-
noncer sur une mesure proposée, voter, agir,
la moitié moins un doit s'incliner devant la
moitié plus un; car autrement toute décision
deviendrait impossible. Mais lorsque le pays
nomme ceux qui feront les lois, ceux qui dé-
cideront la paix ou la guerre, la moitié plus
un a-t-elle le droit de dire à la moitié moins
un : « Tu n'auras pas un représentant de tes
idées, pas un défenseur de tes intérêts »?
Pour juger ce système par ses résultats, il
suffit de regarder autour de nous.

Les électeurs qui n'appartiennent pas à la

majorité ont le choix entre deux partis. Les
uns s'abstiennent : irrités de leur impuissance,
fatigués d'une lutte stérile, ils vont grossir la
masse des indifférents. Les autres, votant de
mauvaise grâce pour des candidats qu'ils
n'ont point choisis, se portent tantôt d'un
côté, tantôt de l'autre, suivant leur passion
ou leur caprice. Ceci sans doute est mauvais :
ce qui est pire encore, c'est que deux minorités, n'ayant séparément rien à espérer,
s'unissent entre elles; que des adversaires
forment une coalition, contre toute vérité et
toute moralité; que des candidats puissent
être élus au second tour de scrutin, qui, au
premier tour, avaient à peine le quart des
suffrages. Ainsi, par l'impossibilité où se trouvent les minorités d'obtenir une représentation exacte de leurs opinions, le suffrage
universel est faussé dans son principe.

Les candidats, pas plus que les électeurs,
n'ont à se louer de l'organisation actuelle du
suffrage universel. Dans la plupart des cas, ils
doivent accepter un programme qui est au

delà ou en deçà de ce qu'ils pensent, de ce qu'ils veulent. Comme on ne peut former une majorité que par la réunion de divers groupes électoraux, il faut, de toute nécessité, faire des concessions à chacun de ces groupes : on supprimerait volontiers tel ou tel article du programme, mais ce serait perdre plusieurs milliers de voix et compromettre le succès. Si, deux partis politiques étant en présence, chacun pouvait obtenir un chiffre de représentants en rapport avec son importance numérique, les candidats, soit de la majorité, soit de la mino-rité, auraient d'autant plus de chances d'être nommés qu'ils parleraient aux électeurs un langage plus net, plus précis. Aujourd'hui, au contraire, on recherche les formules les plus générales, les plus vagues. La moyenne des candidats ne peut espérer de réussir que par un compromis : les plus fermes, les plus indé-pendants sont ceux qui s'y prêtent le moins volontiers. Avec le système qui donne tout à la majorité et rien à la minorité, le corps élec-toral forme une masse flottante, sans cohé-

sion, sans direction, qui un jour se laisse
entraîner plus loin qu'elle ne voudrait et le
lendemain se rejette brusquement en arrière :
c'est une proie pour les politiciens de profession.

Le parlement, nommé dans ces conditions,
représente fatalement les opinions extrêmes
bien plus que l'opinion moyenne des électeurs.
Le rapport de la majorité à la minorité n'est
pas dans le parlement ce qu'il est dans le pays.
Il suffit souvent d'un petit nombre de voix
passant de gauche à droite, ou de droite à
gauche, pour qu'un département qui n'était
représenté que par des libéraux ne soit représenté que par des conservateurs, ou récipro-
quement. Si un parti gagne un dixième des
voix dans le pays, la logique voudrait qu'il
gagnât un dixième des sièges dans le parlement : il en gagnera peut-être le double, le
triple, puisque du coup la représentation de
plusieurs circonscriptions électorales peut se
trouver changée. Lorsque deux grands courants d'opinion partagent la masse des élec-

teurs, tout dépend d'une fraction hésitante,
qui disait *oui* hier, qui demain dira *non*. Que
quelques centaines de mille voix passent d'un
parti à l'autre, et nous voici dans l'inconnu.
Quand la moitié plus un est tout, il n'y a pas
de stabilité dans les institutions ; on est toujours sous le coup d'un brusque déplacement
de la majorité : le parlement n'est jamais
l'image exacte du pays. Pourquoi ? Parce qu'il
n'existe aucune proportion entre les variations
de l'opinion publique et les changements qui
en résultent dans la composition des Chambres.

Enfin, la majorité étant tout et la minorité
rien, le pays est divisé en deux camps enne-
mis. Au lendemain de la bataille électorale, il
y a des vainqueurs et des vaincus. Ceux-là
sont portés à abuser de la victoire ; ceux-ci se
retirent sous leur tente. La critique systématique, l'opposition de parti pris sont dues, pour
une grande part, à notre régime électoral.
Avec un système de représentation plus équitable, la lutte des partis n'aurait plus le caractère de violence que nous lui voyons ; la mino-

rité, ayant sa place assurée dans le parlement, cesserait de se désintéresser des affaires publiques. Aujourd'hui, les vaincus du scrutin, privés de toute représentation, soit de leurs idées, soit de leurs intérêts, se sentent étrangers dans la république ; ils sont toujours prêts à critiquer un gouvernement où ils n'ont point de part et des lois qu'ils n'ont point faites.

En tout sacrifiant au principe de la majorité, êtes-vous du moins certains que la majorité soit toujours représentée ? Le système de la moitié plus un n'a même pas ce mérite. Si le pays tout entier ne formait qu'un seul collège électoral, chaque citoyen inscrivant sur son bulletin autant de noms que le parlement compte de membres, il est évident que la liste qui aurait réuni le plus de suffrages serait l'exacte représentation de la majorité des électeurs ; mais quand il s'agit de nommer cinq cents députés, le pays est forcément divisé en un certain nombre de circonscriptions électorales. Dès lors, chacune des listes qui ont triomphé représente bien la majorité d'une circonscription ; mais l'opinion qui l'a emporté dans le plus grand nombre de circonscriptions n'est pas nécessairement l'opinion qui domine dans le pays. Le succès d'un parti dépend non seulement de son importance numérique, mais de la manière dont ses adhérents sont répartis entre les différentes circonscriptions. Voyez ce qui se passe au Sénat ou à la Chambre, quand une commission est nommée par les bureaux : il arrive quelquefois que la commission comprend plus de membres de la minorité que de la majorité ; c'est que, par suite de la répartition des sénateurs ou des députés entre les divers bureaux, il y a eu des voix perdues. De même, avec le suffrage universel organisé comme il l'est aujourd'hui, il est possible que la majorité des élus ne représente pas la majorité des votants. Bluntschli, dans sa *Politique*, le démontre par un calcul très simple : « Supposons que le pays soit divisé en 100 circonscriptions ayant chacune 4 000 électeurs, que deux partis A et B soient en présence, que

51 circonscriptions votent pour A et 49 pour B : le premier parti l'emportera. Mais, d'autre part, les électeurs se trouvaient répartis comme suit : dans chacune des 51 circonscriptions, 2 500 électeurs ont voté pour A et 1 500 pour B ; dans chacune des 49, au contraire, 3 500 ont voté pour B et 500 pour A. Le parti B, qui est battu, comptait 248 000 adhérents ; le parti A, qui est vainqueur, n'en compte que 152 000. »

Direz-vous que ce n'est là qu'un raisonnement, et que dans la réalité les choses ne se passent pas ainsi? Voici, non plus des raisonnements, mais des faits. En 1862, dans le Lancashire, 206 000 électeurs avaient à nommer trente-trois députés; 104 000 votants n'obtenaient que onze représentants, et 102 000 votants en obtenaient vingt-deux. Les statistiques électorales nous montrent des faits analogues en Amérique. Mais je ne veux pas fatiguer le lecteur par des chiffres : je ne citerai qu'un exemple, et c'est chez nous que je le prendrai. Aux élections générales de 1881, sur 100 électeurs, 31 se sont abstenus, 24 ont voté pour les

candidats de la minorité, 45 ont donné leurs
voix aux élus. La fraction du pays non représentée au parlement comprend les 24 qui ont
été battus au scrutin, plus les 31 qui ont re-
noncé à la lutte parce qu'ils n'avaient aucune
chance de faire triompher les candidats de leur
choix, en tout 55 pour 100 des électeurs; d'où
cette conséquence rigoureuse, que les soi-di-
sant représentants de la majorité ne représentent réellement que 45 pour 100 des électeurs,
c'est-à-dire moins de la moitié. En 1885, les
élus ne représentent plus que 43 pour 100 du
corps électoral. Le résultat est sensiblement
le même, quoique les élections de 1881 aient
eu lieu au scrutin d'arrondissement et celles
de 1885 au scrutin de liste : la question qui
importe le plus n'est donc pas de choisir entre
les deux modes de scrutin, puisque l'un ne
donne pas une représentation plus exacte que
l'autre; le mal est plus profond, et c'est le droit
absolu des majorités qui fausse le suffrage
universel.

Je vais plus loin : j'admets que ces faits, ces

chiffres soient l'exception, et qu'en règle générale les candidats élus représentent la majorité des électeurs ; mais je dis que la difficulté n'est pas pour cela résolue. Si la Chambre
représente vraiment la majorité des votants,
il est évident que toute décision prise par
l'unanimité de la Chambre sera conforme à la
volonté de la majorité du pays ; mais l'unanimité est chose rare, et ce n'est qu'une majorité
parlementaire plus ou moins forte qui fait les
lois. Or, si cette majorité parlementaire n'est
que de quelques voix, comme nous le voyons
souvent, que représente-t-elle? Quelquefois
un tiers, quelquefois un quart des électeurs.
La majorité de la majorité n'est, dans bien des
cas, qu'une minorité : c'est elle, cependant,
qui votera les impôts, renversera les cabinets,
décidera la paix ou la guerre. Voilà le vrai vice
de notre système électoral : on veut que la majorité gouverne, et c'est une majorité factice.
En apparence, les décisions du parlement sont
l'expression de la volonté nationale ; en réalité,
ces décisions sont souvent contraires aux idées

et aux sentiments de la majorité du pays. Nous trouvons un exemple décisif dans ce qui se passe en Suisse depuis quelques années.

On sait que l'appel au peuple est inscrit dans la constitution de la Suisse. Voici la procédure suivie. L'Assemblée fédérale, composée de deux Chambres (Conseil national, Conseil des États), vote les lois. S'il s'agit d'une loi constitutionnelle, elle est soumise de droit à la sanction populaire; s'il s'agit d'une loi ordinaire, il faut que l'appel au peuple soit demandé dans les trois mois par une pétition signée de 30 000 citoyens. Dans les deux cas, le suffrage universel prononce en dernier ressort : les électeurs votent par *oui* ou par *non;* la loi est adoptée ou rejetée en bloc. Il est clair que si la majorité de l'Assemblée fédérale représente exactement la majorité du pays, le rejet d'une loi par le peuple doit être l'exception : or l'exception tend à devenir la règle générale. En 1874, une loi modifiant le droit électoral est rejetée. En 1877, c'est une loi frappant d'un impôt les dispensés du service

militaire. En 1881, c'est une loi sur l'instruction publique. Dans la seule année 1884, trois
lois importantes sur la police, sur les patentes,
sur la procédure criminelle, sont repoussées
par le peuple. Les publicistes et les hommes
d'État suisses sont frappés d'un désaccord de
plus en plus marqué entre la majorité des Conseils et la majorité du peuple. « Ce désaccord,
dit M. Ernest Naville, peut provenir parfois de
circonstances accidentelles; mais sa cause essentielle et permanente se trouve dans le système électoral. Pour ne pas le reconnaître, il
faudrait fermer les yeux à l'évidence. Les électeurs privés de représentants retrouvent l'exercice de leurs droits en un jour de plébiscite ; et
s'ils partagent les vues d'une forte minorité
des Conseils, le résultat démontre que les décisions prises l'étaient par les représentants d'une
minorité.» L'exemple de la Suisse est concluant:
il montre bien que, tant que le suffrage universel sera appliqué comme il l'est aujourd'hui,
on sera exposé à ce que la majorité du parlement ne représente pas la majorité du pays.

Ainsi, que nous observions les faits ou que nous raisonnions, la conclusion est la même : le mal vient de ce que, dans chaque circonscription électorale, la moitié plus un peut nommer tous les députés et la moitié moins un n'avoir pas un représentant. Supposez une loi électorale qui assure la représentation proportionnelle de toutes les opinions : tout change aussitôt; plus de conflit entre les Chambres et le pays; les décisions de la majorité parlementaire seront nécessairement d'accord avec les idées et les sentiments de la majorité des électeurs; les lois seront l'expression vraie de la volonté nationale. Je n'ignore pas l'objection : si, dit-on, les opinions les plus diverses peuvent être représentées, les Chambres offriront le spectacle d'un nombre croissant de groupes politiques; les partis, qui déjà s'émiettent, achèveront de se désagréger; il deviendra de plus en plus difficile de former une majorité de gouvernement, et on aboutira à la négation du régime parlementaire. Cette objection a sa force dans un pays divisé comme le nôtre.

Aussi, dans l'état de nos mœurs publiques, n'est-ce pas la représentation proportionnelle de toutes les opinions que je demande, mais seulement une certaine représentation des minorités. Je ne veux pas rechercher si cette représentation profiterait aux uns ou aux autres : je peux être aujourd'hui dans la majorité et demain dans la minorité, cela importe peu ; je ne plaide pas pour un parti, mais pour le suffrage universel lui-même.

Voici un département où trois ou quatre partis sont en présence : dans le système actuel un seul parti nommera tous les députés ; or, si la liste qui l'emporte a plus de partisans qu'une quelconque des autres listes, elle peut avoir moins de partisans que toutes les autres listes réunies. Admettez que, par un procédé quel qu'il soit, le groupe électoral le plus nombreux ne pouvant plus nommer seul tous les députés, un certain nombre de sièges soient réservés au groupe qui vient immédiatement après dans l'ordre numérique ; et vous avez ce double résultat : d'une part, les élus,

représentant les deux groupes les plus importants. représentent selon toute vraisemblance
la majorité des votants; d'une autre part, la
lutte étant circonscrite entre deux listes. entre
deux partis, nous revenons à la vérité du régime parlementaire.

La question de la représentation des minorités est à l'ordre du jour dans plusieurs pays
d'Europe et d'Amérique. Des sociétés d'étude
ont été créées des deux côtés de l'Atlantique,
et à Paris notamment il existe une société de
ce genre qui compte parmi ses membres des
hommes considérables de tous les partis. On
a écrit des rapports. des brochures, des volumes entiers sur la réforme électorale. Et
cependant j'ai vu des hommes du monde,
quelquefois des hommes politiques. sourire
quand on discute ces idées : « Pure théorie! »
disent-ils dédaigneusement. Ils se trompent;
et c'est une nouvelle preuve, à ajouter à tant
d'autres, de l'insouciance où nous vivons de
ce qui se fait à l'étranger. Chez plus d'un
peuple, à l'heure qu'il est, la réforme électo-

rale a passé du domaine des idées dans le domaine des faits : l'Angleterre, le Danemark, le Brésil, l'Italie, l'Espagne, le Portugal ont inscrit dans leurs lois, tantôt sous une forme, tantôt sous une autre, le principe de la représentation des minorités. Le moment semble venu, pour nous Français, d'étudier la question. Il s'agit de faire œuvre de justice et de raison politique, d'établir l'égalité des suffrages, de fonder la stabilité parlementaire, de remplacer une majorité douteuse par une majorité vraie : il y va peut-être de l'avenir de la démocratie.

II

En France, nous posons la question électorale sous sa forme la plus simple : quel est le parti le plus nombreux? La réponse est facile; il suffit d'additionner les suffrages. Dans divers pays d'Europe et d'Amérique, les écrivains politiques, les hommes d'État, les parlements ont jugé que la question n'est pas aussi simple qu'elle nous le paraît : ils ont posé le problème autrement et ont trouvé des solutions différentes. Je voudrais en rappeler quelques-unes.

C'est un écrivain anglais, M. Thomas Hare, qui le premier a donné une formule mathématique du droit de suffrage. La difficulté était celle-ci : on demande la représentation des minorités, mais toute minorité a-t-elle le droit d'être représentée? Il ne suffit pas que deux ou trois cents électeurs viennent dire : « Nous avons une opinion, un programme, un candidat », pour qu'on leur accorde un siège au parlement. Mais pourquoi deux ou trois mille seraient-ils représentés, si deux ou trois cents ne le sont pas? Où commence, où finit le droit des minorités? Est-il possible de déterminer, par le calcul, le nombre de voix à partir duquel un groupe électoral a le droit d'être représenté? On va voir, par un exemple, que rien n'est plus facile.

Cent personnes sont associées pour une affaire quelconque : elles ont à nommer cinq

administrateurs, mais elles ne sont pas d'accord sur le choix à faire. Si l'on applique le
principe de la moitié plus un, le groupe le plus
nombreux nommera les cinq administrateurs
et les autres associés n'auront aucune part dans
la gestion des intérêts communs; ce qui ne serait pas équitable. Il faut que la majorité ait
le dernier mot dans les décisions à prendre,
mais il importe que la minorité puisse faire
entendre sa voix. Des gens d'affaires, sans
passion, sans système, tomberont facilement
d'accord que les différents intérêts doivent
être représentés en raison de leur importance.
Ils diront : cinq administrateurs pour cent
associés, c'est un administrateur pour vingt.
Simple opération d'arithmétique : on divise
100 par 5, c'est-à-dire le nombre des associés
par le nombre des administrateurs; le quotient
étant 20, on en conclut que chaque groupe
de 20 associés a le droit de choisir un représentant chargé de défendre ses intérêts. Voilà,
en deux mots, le système de Hare, que Stuart
Mill a défendu dans ses livres et dans ses dis-

cours à la Chambre des communes. On a re-
proché à ce système d'être trop compliqué pour
la masse des électeurs : il est à la portée d'un
enfant de l'école primaire. .

Dans le système de Hare, qui est appliqué
avec des variantes en Danemark et au Brésil,
on divise le nombre des électeurs par le nombre
des députés. On appelle *quotient électoral* le
résultat de la division. Tout groupe d'électeurs qui dispose d'un nombre de voix égal ou
supérieur au quotient électoral a le droit
d'être représenté. Supposons un département
qui compte 100000 électeurs et nomme 10 députés : le quotient électoral sera 10000, c'est-
à-dire que tout groupe de 10000 électeurs
aura le droit de nommer un député. Une opinion qui réunira moins de 10000 adhérents ne
pourra demander à être représentée; au contraire, l'opinion qui réunira 20000 adhérents
aura deux représentants. celle qui réunira
30000 adhérents aura trois représentants, et
ainsi de suite. Chaque électeur n'a qu'une voix;
mais, pour que cette voix ne soit pas perdue,

il peut mettre plusieurs noms sur son bulletin
de vote. Si je suis électeur dans une circonscription qui nomme dix députés, j'écris dix
noms, en les plaçant par ordre de préférence :
« Pierre, Jacques, Jean, etc. » Au dépouillement du scrutin, quand mon bulletin sera
ouvert, ma voix sera comptée à Pierre s'il n'a
pas encore les 10 000 suffrages qui, dans l'espèce, sont nécessaires pour l'élection d'un député. Mais si Pierre est déjà élu, ma voix
comptera à Jacques; si Pierre et Jacques sont
élus, elle comptera à Jean; si les trois pre-
miers candidats sont élus, elle comptera au
quatrième, et ainsi de suite jusqu'au dernier.
Je suis sûr que ma voix sera toujours appliquée
à l'un des candidats de mon choix, et quelle
que soit l'application, je suis satisfait; en effet,
on lit les noms dans l'ordre où je les ai écrits,
et ma voix ne compte à l'un des dix candidats
qu'autant que ceux dont le nom précède le
sien sont déjà élus.

J'ouvre la loi danoise. Le Landsthing, ou
Chambre haute, compte 66 membres : 12 sont

nommés par le roi, 54 par les électeurs d'après le système du quotient électoral. Voici comment les choses se passent. Chaque électeur écrit sur son bulletin autant de noms qu'il y a de députés à élire dans la circonscription. Au dépouillement du scrutin, le président du bureau. en ouvrant chaque bulletin, lit seulement le premier nom. Dès qu'un candidat a obtenu un nombre de suffrages égal au quotient électoral, il est déclaré élu. A partir de ce moment, chaque fois qu'un bulletin porte en première ligne le nom du candidat élu, le président du bureau biffe ce nom et lit celui qui se trouve en deuxième ligne. Lorsqu'un second candidat a réuni le nombre nécessaire de voix, il est déclaré élu comme le premier. On procède ainsi jusqu'à épuisement des bulletins, c'est-à-dire que le président efface les noms des candidats élus et appelle le premier nom inscrit à la suite. Dans la pratique, tous les députés ne sont pas élus à cette première lecture des bulletins ; les élections complémentaires se font immédiatement, par un procédé très simple.

Le législateur danois a compris que, la représentation des minorités étant assurée par la première opération, il n'y a aucun inconvénient à ce que les élections complémentaires se fassent à la majorité relative, et voici la procédure qu'il a fixée. Le président lit une seconde fois tous les bulletins de vote, sans tenir compte des noms des candidats élus. Il appelle sur chaque bulletin autant de noms, dans l'ordre où ils sont inscrits, qu'il reste de députés à élire. Les candidats qui réunissent le plus grand nombre de suffrages sont proclamés députés. On évite ainsi ces scrutins de ballottage qui deviennent chez nous de plus en plus fréquents et souvent fatiguent l'électeur.

Le système du quotient électoral, modifié dans quelques détails, est en vigueur au Brésil pour l'élection des assemblées provinciales. Quel que soit le nombre des députés à élire, chaque électeur ne peut mettre qu'un nom sur son bulletin. Le quotient électoral est calculé en divisant le nombre des votants (non celui des électeurs) par le nombre des députés. Tout candidat qui a obtenu un chiffre de suffrages au moins égal au quotient électoral est élu. La loi brésilienne admet un second tour de scrutin. Il est dressé une liste des candidats qui, après les élus, ont obtenu le plus de suffrages ; cette liste comprend un nombre de noms double de celui des députés restant à élire, et les électeurs ne peuvent porter leurs voix sur d'autres candidats. Les élections complémentaires se font à la majorité relative.

Je ne demande pas que nous adoptions le système du quotient électoral ; mais avant de rechercher comment nous pourrions organiser chez nous le droit de suffrage, il est bon de voir ce qui a été tenté chez d'autres peuples. Les expériences faites à l'étranger peuvent nous éclairer. Elles nous montrent, tout au moins, que la représentation des minorités n'est pas aussi chimérique que quelques-uns veulent bien le dire, puisque, soit en Europe, soit en Amérique, elle a été réalisée par différents procédés.

Parmi les divers systèmes électoraux, un

des plus intéressants est celui du *vote accumulé*.
J'ai à nommer, par exemple, six députés : je
dispose de six votes; je suis libre de les donner à plusieurs candidats ou à un seul. Si, au
lieu d'écrire six noms différents sur mon bulletin, j'écris le même nom six fois, le candidat
que j'ai choisi a six voix. Si j'écris deux noms
trois fois, c'est trois voix pour chacun des deux
candidats. Toutes les combinaisons me sont
permises : je peux donner quatre voix à un
candidat et deux voix à un autre, cinq voix au
premier et une voix au second. En un mot, je
suis maître d'autant de suffrages qu'il y a de
députés à nommer. Dans le cas d'un collège
qui élit six députés, toute minorité au moins
égale au sixième du nombre des électeurs est
assurée d'avoir un représentant au Parlement
pourvu qu'elle vote avec discipline; si le
collège élit trois députés, il suffit du tiers des
voix pour faire passer un candidat.

Prévost-Paradol a été un peu loin en disant:
« Le système du vote accumulé se rapproche
plus qu'aucun autre de l'exacte justice. » Le

système de Hare et de Stuart Mill, le quotient électoral, est certainement plus rationnel ; le vote accumulé n'est, à tout prendre, qu'un procédé empirique pour assurer une certaine représentation des minorités. Ce procédé est appliqué dans plusieurs pays. En Angleterre, depuis 1870, les conseils d'école sont élus par le vote accumulé : l'électeur inscrit un chiffre à côté du nom de chaque candidat, pour indiquer combien de suffrages il entend lui donner.

Aux États-Unis, diverses expériences ont donné des résultats satisfaisants. La législature de la Pensylvanie, prouvant une fois de plus l'esprit pratique des Américains, a commencé par faire l'essai du vote accumulé dans une seule municipalité ; plus tard, elle l'a étendu à toutes les élections municipales. Dans l'Illinois, le même système a été adopté pour l'élection des représentants : chaque collège nomme trois députés ; l'électeur a trois suffrages dont il dispose comme il l'entend, il peut même fractionner son vote et donner un demi-suffrage à un candidat. Dans plusieurs États, le vote accumulé est prescrit pour l'élection des administrateurs de sociétés industrielles ou financières.

Ces réformes ne se sont pas faites sans opposition. En Angleterre, aux États-Unis, au Danemark, au Brésil, partout où l'on a voulu toucher à la loi électorale, il s'est trouvé des hommes politiques pour défendre l'ancien système, le système de la moitié plus un, comme étant le plus simple de tous. L'argument tiré de la simplicité a son prix sans doute, mais il n'en faut pas abuser. Un homme d'État américain, à qui on objectait cet argument, trouva un jour une jolie réponse : « Une diligence, dit-il, était plus simple qu'un chemin de fer; est-ce un motif pour revenir à la diligence? »

Je crois, avec cet homme d'État américain, qu'en matière d'élections comme en matière de transports, il faut chercher non le système le plus simple, mais le plus sûr et le plus exact. Les deux procédés électoraux que je viens de rappeler sont plus ou moins compliqués : ce ne serait pas, à mon gré, un motif suffisant de les rejeter; mais ne présentent-ils, à notre point de vue, d'autres inconvénients? Au système du quotient électoral, qui assure une représentation presque mathématique de toutes les opinions, on peut objecter qu'il aurait pour résultat de diviser de plus en plus la représentation nationale, de rendre encore plus difficile la formation d'une majorité de gouvernement. Au système du vote accumulé, on peut objecter qu'il suppose une éducation politique, une discipline électorale que nous n'avons peutêtre pas à un degré suffisant : pour que ce système porte tous ses fruits, il faut des partis organisés, qui sachent se compter et voter avec ensemble; car si les électeurs ne s'entendent pas entre eux, s'il y a des voix perdues, on est exposé à ce qu'il n'y ait plus aucun rapport entre le nombre des votants et le nombre des élus, et il peut arriver que la minorité l'emporte sur la majorité par cela seul qu'elle est plus disciplinée. Enfin, à un système comme à l'autre, au vote accumulé comme au quotient électoral, on peut objecter que l'expérience en a été faite dans des conditions particulières, tantôt pour nommer une Chambre qui ne compte qu'un petit nombre de membres, tantôt pour nommer des assemblées provinciales qui ont des attributions plus administratives que politiques, là pour des élections scolaires, ici pour des élections municipales. On peut dire encore que ces deux procédés électoraux ont été essayés dans des pays qui, par les lois comme par les mœurs, sont très différents du nôtre.

Il est évident qu'une réforme électorale aura d'autant plus de chance d'être acceptée en France qu'elle aura été expérimentée ailleurs dans des conditions qui se rapprochent des nôtres : or, ce n'est le cas, jusqu'ici, ni du vote accumulé, ni du quotient électoral. Un autre système, en vigueur depuis plusieurs années chez des nations voisines, répond mieux à nos idées et à nos besoins : c'est le *vote limité*. Il est appliqué aux élections politiques chez trois peuples de race latine : Italie,

Espagne, Portugal. Le vote limité, tout en
faisant une part à la minorité, assure les droits
de la majorité : système simple, facile à comprendre, facile à appliquer, qui mérite d'être
étudié par tous ceux qui veulent la vérité du
suffrage universel.

III

Le vote limité a été pratiqué pour la première fois en Angleterre. Il y eut dans le parlement anglais, en 1867, de longs et importants
débats sur la réforme électorale ; on y discuta
la plupart des systèmes proposés jusque-là, soit
pour la représentation proportionnelle, soit
pour la représentation des minorités. Au cours
de la discussion, lord Cairns présenta une motion ainsi conçue : « Dans les comtés ou bourgs
représentés par trois députés, aucun électeur
ne pourra voter pour plus de deux candidats. »
Cette motion fut adoptée par la Chambre des
lords, puis par la Chambre des communes. Rien

ne fut changé à la loi électorale pour les collèges
ayant à élire plus ou moins de trois députés. Il
se trouva que la nouvelle disposition n'était applicable qu'à douze collèges dans tout le
Royaume-Uni. Réforme partielle, qui est bien
dans le génie anglais. Avec notre goût des
constructions logiques, nous aurions peine à
admettre un système électoral fait de pièces et
de morceaux. Nous raisonnons ainsi : ou la
réforme est bonne, et il faut l'appliquer à tous
les collèges; ou elle est mauvaise, et il ne faut
l'appliquer à aucun. Pour nos voisins, il n'est
pas plus choquant de voir douze députés seulement élus par le vote limité, sur les 652 membres de la Chambre des communes, que de
voir les universités de Cambridge et d'Oxford
nommer trois représentants au parlement en
vertu de leurs anciens privilèges. Ils s'in-
quiètent peu de l'uniformité dans les lois et
les institutions; ils cherchent à assurer la
représentation la plus exacte possible de toutes les opinions et de tous les intérêts.

Avec le système du vote limité, si deux

partis sont en présence, le moins nombreux a
forcément un député sur trois. Il ne s'agit plus
ici d'une représentation proportionnelle des
différents partis : le groupe électoral qui
nomme un député sur trois peut être égal, supérieur ou inférieur au tiers des votants. Le
vote limité ne prétend pas à une rigueur
mathématique : c'est un procédé très simple,
le plus simple de tous ceux qui ont été proposés jusqu'ici, pour donner une certaine place
aux minorités. Remarquez que ce système ne
change en rien les opérations électorales ; il
n'exige de l'électeur aucun calcul compliqué,
aucune discipline spéciale. Vous écrivez trois
noms sur votre bulletin : vous n'en écrirez plus
que deux. et c'est toute la différence.

Le vote limité a été appliqué en Angleterre
de 1867 à 1884. c'est-à-dire jusqu'à la réforme
de M. Gladstone.

La loi de 1884, qui a changé le régime électoral,
créait dix-huit sièges nouveaux pour l'Angleterre et l'Écosse, et divisait le pays, tant bourgs
que comtés, en circonscriptions électorales dont

chacune n'avait à élire qu'un député. Le principe de la loi étant le scrutin uninominal, il n'y avait plus de place pour la représentation des minorités. On ne saurait tirer de ce fait un argument contre le vote limité : si cette mesure, votée par le parlement en 1867 à une très grande majorité, n'a pas été reproduite dans la loi de 1884, ce n'est pas qu'elle eût été condamnée par l'expérience ; c'est que des convenances politiques ont fait adopter un nouveau mode de scrutin, incompatible avec le vote limité.

Cependant, l'expérience de l'Angleterre n'a pas été inutile ; ce n'est pas en vain que le vote limité a été mis en pratique pendant dix-sept ans et a donné de bons résultats : sur le continent, des hommes d'État ont étudié le nouveau système électoral, des parlements l'ont discuté, et il a été adopté dans plusieurs pays.

Et tout d'abord, un pays voisin. L'Espagne, en 1878, a inscrit le principe de la représentation des minorités dans la loi électorale, sous la forme du vote limité et aussi du vote accumulé. En Espagne, le vote limité n'est pas appliqué sous une forme aussi simple qu'il l'était en Angleterre, car le nombre des députés à élire varie d'une circonscription à l'autre. Quand il y a trois députés, l'électeur met deux noms sur son bulletin; pour quatre ou cinq députés, trois noms; pour six députés, quatre noms; pour sept députés, cinq noms; enfin, six noms pour huit députés. Les élections se font à la majorité relative. Un certain nombre de circonscriptions ne nommant qu'un seul député, le législateur a trouvé un moyen original de concilier le scrutin uninominal et la représentation des minorités : tout candidat qui a obtenu plus de dix mille suffrages dans différentes circonscriptions n'ayant à élire qu'un représentant est proclamé député. Ainsi, la loi espagnole assure toujours et partout une certaine représentation des minorités : là où les élections ont lieu au scrutin de liste, par le vote limité; là où elles ont lieu au scrutin uninominal, par l'accumulation des votes.

En Italie, à la suite de longues discussions

parlementaires sur la représentation des minorités, le vote limité a été introduit dans la loi
électorale de 1882. On n'a pas à rechercher ici
les motifs qui ont décidé le législateur italien
à n'admettre le vote limité que pour un certain
nombre de cas : il a inscrit le principe dans la
loi, et c'est le point qui nous importe. Dans les
collèges qui doivent élire cinq députés, l'électeur ne vote que pour quatre candidats : la loi
porte que le nombre des collèges de cette classe
ne pourra être inférieur à trente-trois, ni supérieur à trente-huit. Au premier tour de scrutin, sont élus les candidats qui ont obtenu la
majorité absolue; pour le second tour, il est
dressé une liste des candidats ayant obtenu le
plus de suffrages, en nombre double des députés restant à élire, et l'élection a lieu à la
majorité relative.

Le Portugal, en 1884, a imité l'exemple de
l'Espagne et de l'Italie. L'électeur inscrit deux
noms sur son bulletin de vote dans les collèges qui doivent élire trois députés; trois
noms, pour quatre députés; quatre noms pour

cinq ou six députés. Une disposition analogue à celle de la loi espagnole ouvre le parlement aux six candidats qui, sans avoir été élus dans aucune circonscription, ont obtenu le plus grand nombre de suffrages dans des circonscriptions différentes.

On voit que le vote limité n'est pas un rêve de théoricien. Trois peuples de race latine en ont fait l'expérience ; ne pourrions-nous pas la tenter à notre tour ? J'entends discuter autour de moi la nécessité d'une réforme électorale : on critique le scrutin de liste par département et on parle de revenir au scrutin uninominal ; mais de bons esprits estiment que les deux systèmes ont leurs dangers, et que si l'un laisse un trop grand rôle aux comités électoraux, l'autre fait une trop large place aux influences locales. Il semble qu'un système mixte, divisant le pays en collèges qui nommeraient trois députés au moins, cinq ou six au plus, permettrait des choix plus indépendants et plus éclairés. Si la loi électorale était modifiée dans ce sens, rien ne serait plus facile que d'y introduire le prin-

cipe du vote limité, tel qu'il est pratiqué en
Espagne, en Italie et en Portugal. Aujourd'hui
dans chaque circonscription électorale, un seul
parti est représenté ; les variations de l'opinion
restent inaperçues, jusqu'au jour où brusquement la majorité se déplace ; alors on voit
toute la députation d'un département passer
d'un extrème à l'autre. Avec le procédé du vote
limité, deux partis sont toujours représentés ;
celui qui était la majorité peut devenir minorité, mais s'il perd quelques-uns de ses députés, il ne les perd pas tous ; les Chambres se modifient peu à peu avec l'opinion elle-mème :
c'est la vérité du suffrage universel, et c'est
aussi la vérité du régime parlementaire.

En France, on se heurte à cette conception
simpliste du droit de suffrage, que la moitié
plus un est tout et que la moitié moins un est
zéro. Si nous démontrons que nos procédés
électoraux faussent la représentation nationale,
on nous accusera d'attaquer le suffrage universel. Et cependant que voulons-nous ? que le
suffrage universel soit vraiment le suffrage uni-

versel, et que plusieurs millions de citoyens
ne soient plus condamnés au silence. Si nous
demandons que le parti le moins nombreux
soit compté pour quelque chose, on nous répondra que la représentation des minorités est
une chimère. Or cette chimère est entrée dans
la loi, non seulement en Espagne, en Italie,
en Portugal, mais encore au Danemark, en
Angleterre, en Amérique. Si nous parlons
d'organiser le suffrage universel et d'imiter ce
qui a été fait ailleurs, on nous objectera que
les systèmes de suffrage adoptés dans d'autres
pays sont trop compliqués pour nous. Qu'est-
ce à dire? Sommes-nous donc moins intelli-
gents, et l'électeur français est-il incapable de
comprendre ce qui est compris par son voisin
au delà des Pyrénées ou au delà des Alpes? La
vérité est que le vote limité ne compliquerait
en rien le suffrage universel. Si je dis à l'électeur : « Mettez deux noms sur votre bulletin
de vote, au lieu de trois, » où est la difficulté?
en quoi le principe du suffrage universel est-il
atteint? en quoi le droit de l'électeur est-il

amoindri? C'est assez cependant pour assurer, non la représentation proportionnelle des différents partis, mais une certaine représentation des minorités.

Le procédé du vote limité a été appliqué dans des conditions politiques qui se rapprochent beaucoup des nôtres; il a pour lui la sanction de la pratique et du temps. Serons-nous donc es derniers à tenter une expérience qui partout a réussi? Il semble pourtant que l'organisation du droit de suffrage ne soit nulle part plus urgente que chez nous. Le corps électoral va quelquefois d'un extrême à l'autre, la démocratie devient peu à peu hostile au régime parlementaire, le présent est instable et l'avenir incertain. Républicains, nous sommes aujourd'hui la majorité : il nous appartient d'organiser le droit de suffrage, pour que le parlement représente vraiment l'opinion moyenne du pays; la justice veut qu'il en soit ainsi, et l'intérêt bien entendu de la république ne le veut pas moins.

Le jour où toutes les opinions pourront se faire entendre, on ne verra plus autant de citoyens se désintéresser de la chose publique ; le candidat, pourvu qu'il représente un groupe électoral de quelque importance, ne sera plus à la merci des comités ; il y aura dans le parlement moins de politiciens, et plus d'hommes indépendants ; les idées moyennes ne seront plus perdues dans le tumulte des extrêmes ; les Chambres, se transformant progressivement d'une législature à l'autre, reproduiront avec exactitude les variations de l'esprit public ; on trouvera la stabilité dans les hommes et dans les choses ; les minorités, ayant une part dans la confection des lois, apprendront à les respecter ; les luttes électorales seront plus courtoises, les passions politiques moins violentes ; le pays ne sera plus divisé en vainqueurs et en vaincus : alors la démocratie, qui jusqu'ici n'a été que le gouvernement des majorités, sera vraiment le gouvernement du peuple.

CHAPITRE II

LA REPRÉSENTATION DES FORCES SOCIALES

I

Parmi les problèmes de la démocratie, il en
est deux qu'il faut résoudre à tout prix, si
nous voulons ne plus marcher vers l'inconnu.
Le premier est d'organiser le suffrage universel de telle sorte que la volonté du parlement soit toujours d'accord avec la volonté du
pays : il s'agit de faire aux minorités la place
à laquelle elles ont droit. On aura ainsi une
représentation plus exacte de l'ensemble des
électeurs en tant qu'individus ; mais l'individu
est-il tout dans la société ? Entre le citoyen et

l'État, je vois les groupes sociaux, la famille, la commune, les corps constitués ; à côté des intérêts privés, les intérêts collectifs ; au-dessus des idées particulières, les idées générales. Ceux qui écrivent sur les questions politiques cherchent volontiers dans la physiologie des termes de comparaison : je dirai, à mon tour, que l'individu est comme la cellule qui se renouvelle sans cesse, et qu'il n'y a de permanent que les institutions dans la société, les organes dans le corps vivant. Supposez la représentation mathématique de toutes les opinions individuelles : vous n'avez encore qu'une image incomplète de la patrie. Il reste à représenter cet ensemble d'idées, d'intérêts, de sentiments, de traditions, que, faute d'un autre mot, j'appelle les forces sociales : c'est le second problème de la démocratie. Il faut, pour le résoudre, que la Chambre haute soit nommée par un autre procédé électoral que la Chambre des députés. Deux Chambres n'ont de raison d'être que si elles représentent deux aspects différents de la vie publique : le mou-

vement dans certaines choses et la fixité dans
d'autres, ou, si vous l'aimez mieux, le progrès
et la tradition.

Les républicains radicaux ne l'entendent pas
ainsi. Les plus modérés admettraient à la rigueur deux Chambres, si l'une et l'autre étaient
nommées par le suffrage universel ; mais alors
à quoi bon deux Chambres ? Les doctrinaires
du radicalisme ne vont pas même jusque là :
ils nous disent que la démocratie veut une assemblée unique. Où, quand, comment ont-ils
vu pareille chose ? De quelle démocratie s'agit-
il ? Allons-nous, comme Rousseau et Robespierre, copier les républiques de l'antiquité ?
Prendrons-nous pour modèle l'assemblée du
peuple délibérant sur le Pnyx ou le Forum ?
Autant imiter les Germains de Tacite ou les
Peaux-Rouges de Fenimore Cooper. Tâchons
d'être de notre temps. Disons-nous, une bonne
fois, que la seule démocratie possible dans nos
grands États modernes, c'est la démocratie re-
présentative. Fermons nos livres, et regardons
autour de nous.

Nous avons à nos portes l'exemple d'une démocratie. La Suisse a deux Chambres : le Conseil national, nommé par le suffrage universel, et le Conseil des États, dans lequel chaque canton, quelle que soit sa population, est représenté par deux députés. Traversons l'Atlantique. Nous trouvons deux Chambres aux États-Unis, et, pour le dire en passant, c'est la Chambre haute dont l'influence est prépondérante. Toutes les républiques américaines, Mexique, Confédération Argentine, Bolivie, Chili, Colombie, Costa-Rica, Équateur, Pérou, Uruguay, Venezuela, ont une Chambre des députés et un Sénat. Ces républiques sont jeunes, sans tradition, sans passé : elles étaient maîtresses de leur constitution : si une assemblée unique était la condition de la démocratie, elles auraient établi une assemblée unique. Or, que voyons-nous ? Partout le système représentatif, partout un parlement composé de deux Chambres.

Où donc est cette démocratie dont on nous parle, cette démocratie idéale avec son assemblée unique? Elle est dans le cerveau des radicaux, elle n'est pas dans les faits.

La démocratie, en Amérique, a compris que deux Chambres sont nécessaires et que ces deux Chambres doivent être élues par des procédés différents. Le principe généralement adopté est celui-ci : tandis que le nombre des députés varie pour chaque État ou chaque province avec le chiffre de la population, le nombre des sénateurs est le même pour tous les États ou toutes les provinces. Je feuillette les différentes constitutions américaines, et je trouve deux sénateurs par État dans la grande république du Nord, trois dans la Colombie, deux au Mexique, deux dans la Confédération de Venezuela; deux sénateurs par province dans la Bolivie, deux dans l'Équateur, un dans l'Uruguay. L'élection, presque partout, se fait à deux degrés. Tantôt, comme aux États-Unis et dans la Confédération Argentine, les sénateurs sont nommés par les législatures des différents États; tantôt, comme au Chili et au Pérou, ils sont nommés par des électeurs spéciaux ; ailleurs, le système électoral varie d'une province à l'autre. Mais, sous des formes différentes, on reconnaît partout la même préoccupation : le législateur a vu que la puissance du nombre menace de tout emporter dans la démocratie, et il a cherché un contrepoids dans l'institution du Sénat.

II

On voit qu'en donnant au Sénat une origine électorale différente de celle de la Chambre des députés, les auteurs de la constitution de 1875 n'ont fait qu'imiter l'exemple des républiques du nouveau monde. Dans l'Amérique du Sud comme dans l'Amérique du Nord, les sénateurs sont nommés, non par le suffrage universel, mais par des assemblées régionales ou par des électeurs spéciaux ; en France, le Sénat est nommé par un collège composé presque entièrement des délégués des conseils municipaux. Le principe est le même : dans

un cas comme dans l'autre, le législateur a
voulu que la Chambre haute représentât autre
chose que la puissance du nombre ; mais les
deux systèmes diffèrent profondément dans
l'application. Un corps élu ne peut être animé
du même esprit suivant qu'il représente un
groupe provincial ou un groupe municipal. En
Amérique, le Sénat représente l'État ou la province, qui est une unité politique ; en France,
le Sénat représente la commune, qui est une
unité administrative. La Chambre haute est,
suivant le mot de Gambetta, le « grand conseil
des communes de France » ; c'est beaucoup sans
doute, mais ce n'est peut-être pas assez.

Dans les États monarchiques, la Chambre
haute, en partie héréditaire, en partie nommée
par le prince, personnifie la tradition. Si l'on
veut que le Sénat démocratique remplisse le
même office, il importe de fortifier le collège
électoral d'où il émane ; à côté des délégués
des assemblées municipales, il faut faire une
place aux délégués des groupes sociaux. Où
est chez nous la tradition ? Affaiblie dans la

famille, elle est vivace encore dans les associations professionnelles, dans les compagnies
savantes, dans les corps constitués, partout
en un mot où subsiste une organisation quelconque. Je sais bien que l'idée de faire nommer un certain nombre de sénateurs par
l'université, par exemple, ou par la magistrature, heurte aujourd'hui l'opinion commune.
Placés comme nous le sommes au point de
vue individualiste, nous attachons le droit de
suffrage à la personne; il nous paraît difficile
de le transporter à la corporation. Cependant,
si nous voulons que les forces sociales soient
représentées, il faut bien chercher les forces
sociales là où elles sont. Il s'agit de reconnaître,
une bonne fois, que les associations et les
corps constitués ont des idées générales, des
intérêts collectifs qui ne peuvent pas être ceux
de l'individu isolé.

Pourquoi le droit de suffrage serait-il toujours et partout individuel? Dans plusieurs
pays, le vote des corporations est organisé.
En Angleterre, les Universités envoient des

représentants à la Chambre des communes. En
Autriche, les Chambres de commerce et d'industrie, ainsi que certaines associations reconnues par l'État, nomment des députés au
Reichsrath. Mais c'est peut-être l'Espagne qui
nous offre, à ce point de vue, les dispositions
législatives les plus intéressantes.

Le Sénat espagnol a 360 membres. Une
moitié comprend des sénateurs de droit et des
sénateurs nommés par le roi. L'autre moitié
est formée de membres élus de la manière suivante :

150 par les députations provinciales et les
délégués des municipalités;

9 par le clergé;

6 par les académies;

10 par le corps enseignant, ou un sénateur
par chacune des dix universités du royaume;

5 par les délégués des sociétés économiques
reconnues par l'État.

Voilà un exemple du droit de suffrage exercé
par les corporations et les corps constitués,
dans un pays dont les mœurs et les idées poli-

tiques se rapprochent sensiblement des nôtres.
Dira-t-on que l'exemple n'est pas bien choisi,
et que ce qui convient à une monarchie ne
saurait convenir à une république ? L'objection
est juste pour le mode de recrutement d'une
moitié du Sénat : il est évident que la démocratie ne peut s'accommoder de sénateurs de
droit ou de sénateurs nommés par le chef de
l'État. Mais en quoi l'élection d'un certain
nombre de sénateurs par les grands corps de
l'État, par les compagnies savantes, par les
représentants du commerce et de l'industrie,
en quoi cette élection est-elle contraire aux
principes démocratiques ? Monarchie ou république, quelle que soit la forme de gouvernement, les grands intérêts sociaux sont les
mêmes. Si l'on veut que le parlement soit vraiment l'image du pays, ces grands intérêts sociaux doivent être représentés. On répondra
qu'ils le sont déjà, et que de tout temps il y a
eu des magistrats, des ingénieurs, des savants,
des professeurs dans nos assemblées publiques.
Je ne l'ignore pas, mais je dis qu'il n'existe

aujourd'hui aucun rapport entre l'importance des différents corps constitués et le nombre de leurs représentants au parlement; je dis encore que, toutes les fois que les intérêts d'un corps constitué seraient en discussion, le membre du parlement élu par ses pairs, parlant en leur nom, aurait une autorité toute particulière dans la question. Que la majorité du Sénat soit nommée par les délégués municipaux, les conseillers généraux et les députés, rien de mieux; mais un certain nombre de membres ne pourraient-ils être élus par les corps constitués, la magistrature, le clergé, les académies, l'université, les chambres de commerce, les associations syndicales? Le Sénat ainsi composé serait vraiment démocratique, puisqu'il serait, dans toutes ses parties, le produit de l'élection; il représenterait, non plus seulement les communes, mais l'ensemble des forces sociales.

Nous sommes habitués à l'unité de collège, et il peut paraître à quelques-uns bien compliqué d'établir des catégories de sénateurs, nommés par des procédés différents : j'estime,

pour moi, que, dans une société où tout se
complique de plus en plus, il faut renoncer à la
simplicité des institutions. Lorsque la démocratie demande des institutions simples, elle
commet une erreur singulière ; car, de toutes
les formes de gouvernement, elle est la plus
complexe par la variété des forces qu'elle met
en jeu. La vie politique ne peut être simple
quand le pauvre et le riche, l'ignorant et le
savant, le plus obscur des citoyens et le plus
illustre, vivent également de la vie politique.
Tout se transforme autour de nous ; dans ce
conflit des besoins, des intérêts, des idées, des
passions, qui constitue l'État démocratique, la
stabilité est ce qui manque le plus : il semble
naturel de la demander à deux Chambres plutôt
qu'à une Chambre unique, à des collèges électoraux différents plutôt qu'à un seul collège.

L'expérience nous a montré que le suffrage
universel peut un jour se laisser entraîner
dans l'inconnu, et le lendemain, prenant peur
de lui-même, se rejeter en arrière. Si nous devions jamais revoir une de ces heures d'affole-

ment où toutes les réactions et toutes les capi-
tulations sont possibles, je crois que le Sénat
que j'indique pourrait être le dernier rempart
de la liberté.

CHAPITRE III

I

Si je demande la représentation des minorités, plus d'un lecteur pensera comme moi. On admettra peut-être plus difficilement la représentation des forces sociales. Il est une troisième réforme qui risque de trouver encore moins de partisans : c'est le vote obligatoire.

Pour nous, voter est un droit. Partout, dans l'ordre politique, nous voyons des droits, non des devoirs. Il semble que l'électeur ait trouvé le droit de suffrage dans son berceau, comme

un fils de roi y trouve la couronne, Je suis né
citoyen : à vingt-un ans, j'entre en possession
de mon droit comme de mes biens ; je suis maître de voter suivant mon caprice, et même de
ne pas voter du tout. Si aucun candidat ne me
convient, je ne prendrai pas la peine de déposer un bulletin blanc dans l'urne ; je m'abstien-
drai, cela est plus commode. L'abstention entre
de plus en plus dans nos mœurs politiques : il
y a des cas où s'abstenir est même de bon ton.
Il ne nous vient pas à l'esprit que le citoyen
ait le devoir d'exprimer son sentiment sur la
chose publique. On vote ou l'on ne vote pas,
suivant la disposition du moment ou le temps
qu'il fait. Tel s'est abstenu parce que la fantai-
sie lui est venue, par un beau soleil de prin-
temps, de passer la journée à la campagne ; la
prochaine fois, s'il pleut, il restera chez lui.
On dit : qu'importe une voix de plus ou de
moins ? Il suffit souvent que quelques centaines d'électeurs raisonnent ainsi pour que le
sort de l'élection soit changé. Et en supposant
même que ceux qui aujourd'hui s'abstiennent

ne dussent inscrire aucun nom sur leur bulletin de vote, ils rempliraient encore un devoir en votant à bulletin blanc; car ainsi les électeurs se compteraient qui ne veulent d'aucun des candidats en présence, et, s'ils se trouvaient assez nombreux, ils pourraient présenter un candidat de leur parti à l'élection suivante.

Si je dis à l'électeur : « Vous devez voter, fût-ce à bulletin blanc », il me répond : « Mon droit est absolu, et vous ne pouvez pas plus me forcer d'exprimer mon avis que de cultiver mon champ. » Mais quoi! le droit de suffrage est-il donc absolu, comme le droit de propriété? je peux faire de mon champ ce que bon me semble : je le cultive ou ne le cultive pas, je le loue, je l'échange, je le donne, je le vends. Puis-je exercer ainsi le droit de suffrage? Suis-je libre d'aliéner mon vote? M'est-il seulement permis de le déléguer à un tiers? Non, je suis tenu d'exercer mon droit personnellement, et tandis que je dispose de mes biens suivant mon intérêt privé, je dois voter suivant l'intérêt général ou ce que je crois tel. Mon

vote n'est pas une propriété, puisque je ne
pourrais le vendre sans tomber sous le coup
de la loi. Quand il s'agit d'un droit sur les choses, nous employons la formule romaine : *jus
utendi et abutendi;* mais pour les droits politiques, c'est *jus utendi* seulement.

Remontez à l'origine. Le droit de propriété
prend sa source dans le travail, l'effort, l'épargne, la liberté individuelle. Le droit de suffrage dérive des rapports du citoyen avec l'État,
et il varie avec ces rapports eux-mêmes. Quelque étendu qu'il soit, il a toujours une limite
dans les lois, dans les mœurs. Chaque peuple
fixe cette limite d'après sa conception de ce
qui convient, non à l'individu, mais à l'État :
là, on exige de l'électeur qu'il paye un certain
impôt; ici, qu'il justifie d'une certaine instruction. Même dans les pays de suffrage universel, l'exercice du droit est subordonné à des
conditions de domicile, d'âge, de sexe. Dès
lors, le droit de suffrage n'est pas un droit
absolu, comme le droit de propriété, mais un
droit relatif. La société juge utile que le ci-

toyen possède ce droit, non dans un intérêt
privé, mais dans un intérêt public : elle peut
donc le mettre en demeure, ou de l'exercer, ou
d'y renoncer.

Le suffrage universel repose sur cet axiome
que tout citoyen doit s'intéresser à la chose publique, émettre une opinion, choisir un représentant : je me sers à dessein du mot axiome,
car il s'agit d'un principe que toutes les démocraties placent en dehors et au-dessus de toute
discussion. Chacun, ayant des devoirs, peut
réclamer des droits : c'est la raison d'être du
gouvernement démocratique. Mais la réciproque est vraie : s'il n'y a pas de devoir sans droit,
il n'y a pas de droit sans devoir. Être électeur
est un devoir en même temps qu'un droit; c'est,
à proprement parler, une fonction. J'estime,
pour moi, que la démocratie ferait beaucoup,
au point de vue moral aussi bien qu'au point
de vue politique, le jour où elle substituerait
l'idée de fonction à l'idée de droit : au point
de vue moral, car en nous habituant à considérer nos droits comme inséparables de nos

devoirs, nous arriverions peu à peu à comprendre que l'individu n'est pas le premier et le dernier mot des sociétés ; au point de vue politique, car en donnant à tout acte de citoyen le caractère d'une fonction, nous serions amenés logiquement à admettre une certaine hiérarchie des capacités. L'idée de fonction est déjà dans nos lois : quand il faut, par exemple, pourvoir à la tutelle d'un mineur, les plus proches parents ont à la fois le droit et le devoir de faire partie du conseil de famille ; ils sont tenus, sous peine d'amende, de répondre à la convocation du juge de paix. Si la loi m'oblige à voter pour l'élection d'un tuteur, elle peut tout aussi bien m'obliger à voter pour l'élection d'un député. Dans un cas comme dans l'autre, il s'agit d'une fonction ; dans un cas comme dans l'autre, l'intérêt public veut que cette fonction soit remplie.

II

Il est puéril de dire qu'en me forçant de voter, on porte atteinte à ma liberté. C'est jouer
sur les mots ; car la liberté, pas plus dans la vie
publique que dans la vie privée, ne consiste à
s'affranchir du devoir. Que peut demander
l'électeur d'un pays libre ? Qu'aucune pression
ne soit exercée sur lui, que son vote reste se-
cret, que l'élection soit sincère, que les lois
soient respectées. Si, des candidats qui sollici-
tent son suffrage, aucun ne lui convient, il peut
toujours mettre un bulletin blanc dans l'urne.
On ne touche pas plus à sa liberté en l'obligeant à remplir la fonction d'électeur qu'en
l'obligeant à remplir celle de juré. On lui donne
un droit et on lui impose un devoir : s'il se refuse à remplir le devoir, il ne doit pas s'étonner
qu'on lui retire le droit.

L'abstention est un mal croissant : il est
temps d'y mettre terme. On s'éloigne du scru-

tin par caprice, par mauvaise humeur, par indifférence, enfin par habitude. Il arrive ainsi
qu'un député peut dire qu'il parle au nom de
la majorité électorale, quand il ne représente que la minorité de ses concitoyens. Le
suffrage universel n'est plus le suffrage universel si le quart ou le tiers des électeurs peuvent impunément s'abstenir. Il est de l'intérêt
public que chacun fasse connaître son sentiment, fût-ce sous une forme négative : c'est
assez pour justifier le vote obligatoire.

Mais comment contraindre l'électeur à voter? s'il s'y refuse, faudra-t-il donc le condamner à l'amende et le traîner en prison? — Non,
certes; ni prison, ni amende. Donnez un avertissement à celui qui n'a pas rempli son devoir,
deux, trois avertissements; et ensuite privez-le
de ses droits politiques. Il a dédaigné d'être
électeur; il ne le sera plus : de quoi se plain-
drait-il? Celui qui, par trois fois, sans excuse
valable, se sera détourné de l'urne électorale,
aura suffisamment montré son parti pris de
rester étranger à la chose publique : le juge-

ment qui effacera son nom des listes électorales ne fera que constater légalement une indifférence par lui-même avouée. Le pays n'a que faire de votants qui ne votent pas, de citoyens qui ne sont citoyens qu'à leur heure : leurs noms sur les listes électorales ne servent à rien qu'à fausser les statistiques.

Au point de vue de l'application, je ne vois pas de difficulté possible. Dira-t-on que l'électeur peut être absent au moment du vote? Il en sera quitte pour faire une déclaration à la mairie, avant de s'éloigner du lieu de son domicile légal : déjà les hommes au-dessous de 40 ans sont soumis à cette formalité par la loi militaire, et la chose est entrée dans les habitudes. Dira-t-on que l'électeur peut être malade? Un certificat de médecin le constatera. Il est évident que la pénalité, quelle qu'elle fût, ne devrait être appliquée qu'à celui qui se serait abstenu sans excuse valable.

Il me semble que la liberté du citoyen ne serait atteinte en rien par un article de loi ainsi conçu :

« Tout citoyen inscrit sur les listes électorales politiques qui, sans excuse valable, se
sera abstenu de voter, sera cité devant le juge
de paix; celui-ci pourra décider l'inscription
du nom de l'électeur sur un tableau placé à la
porte de la mairie. Après trois inscriptions, le
juge de paix prononcera la radiation sur les
listes électorales politiques. Il pourra toujours
être interjeté appel de ces divers jugements,
par les voies ordinaires de droit. »

L'idée du vote obligatoire a été plusieurs
fois soutenue par des hommes politiques : elle
reviendra, un jour où l'autre, dans les débats
parlementaires, et je ne désespère pas de la
voir triompher. L'obligation du vote ne serait
pas seulement un moyen de combattre l'indifférence politique; elle aurait encore le mérite
de donner à l'électeur une notion plus haute
de son rôle dans l'État. Il importe à la dignité
du suffrage universel que le citoyen, en se
rendant au scrutin, soit convaincu qu'il remplit un devoir, qu'il exerce une charge publique. « Son vote, dit Stuart Mill, n'est pas une

chose à laisser à son caprice ; ses désirs personnels n'ont rien à y voir, pas plus qu'au verdict d'un juré. C'est strictement une affaire de devoir ; il est obligé de voter suivant son opinion la plus éclairée et la plus consciencieuse du bien public. Quiconque se fait une autre idée du suffrage n'est pas capable de le posséder. » Ces paroles de Stuart Mill seraient vraies partout : il semble qu'elles le soient doublement dans un pays où tout citoyen est appelé à donner son avis sur les affaires publiques. Pour moi, je crois qu'en défendant le principe du vote obligatoire, je défends la cause même du suffrage universel.

III

Le suffrage universel est encore l'objet d'attaques passionnées. On a vingt-quatre heures pour maudire ses juges : voilà trente ans que les adversaires du suffrage universel le chargent de leurs malédictions. C'est apparemment qu'ils ont du temps à perdre.

On signale les dangers du suffrage universel, sans voir que ces dangers viennent moins du principe lui-même que de la manière dont le principe est appliqué. On oublie que si le suffrage universel a ses maux, il a aussi ses bienfaits. Je n'en veux rappeler que deux. En premier lieu, le jour où tous, par leurs représentants, participent à la confection des lois, tous sont tenus de les respecter : on peut dire qu'un gouvernement issu du suffrage universel est mieux armé que tout autre pour maintenir l'ordre ; il est impersonnel, et d'autant plus fort qu'il est plus impersonnel. En second lieu, le suffrage universel, à la condition d'être organisé, deviendra un instrument d'éducation publique. Pour la grande majorité des hommes, la vie tient tout entière dans les travaux et les devoirs professionnels ; le but de leurs efforts est marqué par un intérêt d'individu ou de famille ; tout, dans leur tâche de chaque jour, les fait se replier sur eux-mêmes ;

ils se meuvent dans un cercle étroit, dont ils
sont le centre. Leur donner un rôle, quelque
modeste qu'il soit, dans les affaires de la commune ou celles du pays, c'est les arracher à
eux-mêmes. Celui qui vote fait un acte impersonnel. L'exercice des droits politiques,
considéré comme une fonction sociale, relève
l'homme à ses propres yeux, lui fait voir les
choses sous un autre jour : il y a là tout un
côté du suffrage universel qui intéresse le
moraliste.

En résumé, il semble possible d'organiser
le suffrage universel de telle sorte qu'il ré-
ponde aux besoins de la démocratie moderne :
par le vote limité, on donnerait aux minorités
la place qu'elles revendiquent à juste titre ; par
la représentation des forces sociales, on aurait
un contrepoids à la puissance du nombre ;
par le vote obligatoire, on mettrait fin à un
système d'abstention qui menace de devenir un
péril pour la chose publique. Mais il resterait
encore à examiner si le régime parlementaire
peut s'accommoder au suffrage universel. Ce

régime qui a été en honneur tant qu'une classe de citoyens a gouverné, est-il applicable à un État où tous ont une part égale du pouvoir? Devons-nous le modifier dans quelques-unes de ses parties? Quel sera le rôle du chef de l'État dans une démocratie? Quels seront les rapports des deux Chambres? L'Angleterre doit-elle rester pour nous le type du gouvernement parlementaire, et ne trouverons-nous rien à imiter en Amérique? Ce sera l'objet de la dernière partie de ce livre.

TROISIÈME PARTIE

———

LA

DÉMOCRATIE REPRÉSENTATIVE

CHAPITRE PREMIER

LE CHEF DE L'ÉTAT DANS UNE DÉMOCRATIE

I

Quand on a dit que la monarchie constitutionnelle est la meilleure des républiques, on a fait un jeu de mots, et rien de plus. Il y a cet abîme entre la monarchie et la république, que celle-là a l'hérédité pour principe, et celle-ci l'élection. Dans la monarchie la plus libérale, dans celle où la Chambre populaire a le plus d'autorité et de prestige, le principe de l'hérédité est encore représenté par la Chambre haute ou tout au moins par un certain nombre

des membres de cette Chambre ; il est représenté surtout par le chef de l'État. C'est ici la
première difficulté qu'on rencontre quand on
veut transporter le régime parlementaire de
la monarchie à la république, de l'aristocratie
à la démocratie. Toute hérédité politique étant
supprimée, le régime parlementaire va fonctionner dans des conditions toutes nouvelles :
dès lors, les rapports entre les pouvoirs publics
seront nécessairement modifiés. Le pouvoir
exécutif est élu, comme le pouvoir législatif :
semblables par l'origine, il est à craindre ou
que les deux pouvoirs se confondent, ou que
l'un soit subordonné à l'autre ; il s'agit, avant
tout, d'assurer leur indépendance réciproque.

Les auteurs de la constitution des États-
Unis l'avaient bien compris. Ils savaient que
toute assemblée tend à exagérer ses droits, ses
attributions : ils avaient pensé que ce danger
est encore plus à redouter si le parlement, au
lieu d'un prince héréditaire, a devant lui un
président élu. Aussi paraissent-ils s'être préoc-
cupés, par-dessus toute chose, d'armer le pou-

voir exécutif contre les empiétements du pouvoir législatif. Cette préoccupation se reconnaît
à chaque page dans la Constitution de 1789. Il
est intéressant de voir comment les Américains
ont résolu le problème; on examinera ensuite
si leur solution serait compatible avec nos
mœurs et notre état politique.

On sait qu'en Amérique le président de la
République est élu par le peuple. Le vote est
à deux degrés. Chaque État nomme un nombre
d'électeurs présidentiels égal au nombre total
des sénateurs et des députés que cet État envoie au Congrès. Les électeurs présidentiels
doivent inscrire deux noms sur leur bulletin
de vote. Le candidat qui a la majorité des voix
est proclamé président, pourvu que le nombre
de suffrages qu'il a obtenus soit égal à la moitié plus un des électeurs; nous verrons tout à
l'heure comment se fait l'élection quand aucun des candidats n'a obtenu cette majorité.

Le président est nommé pour quatre ans.
Les Chambres fixent son traitement en une
seule fois, pour toute la durée de ses fonctions.

Il peut, par son véto, suspendre la promulgation des lois. Il fait les traités, avec l'approbation du Sénat seulement. Il a le commandement en chef des armées de terre et de mer. Il choisit les ministres, mais les nominations ne sont définitives qu'après avoir été approuvées par la Chambre haute.

Quels sont les rapports du pouvoir exécutif avec le pouvoir législatif? On trouve ici, dans la constitution des États-Unis, une disposition tout à fait originale. Entre le pouvoir exécutif et le pouvoir législatif, il n'y a pas seulement une séparation légale, il y a une séparation matérielle : les ministres ne peuvent franchir le seuil de la Chambre des représentants ou du Sénat. Ils ne peuvent communiquer avec le parlement, comme le président lui-même, que par voie de message. Le gouvernement veut-il présenter un projet de loi, il doit s'entendre avec un des comités permanents de la Chambre des députés ou du Sénat : si le comité accepte le projet de loi, il sera présenté au Congrès, discuté, approuvé ou rejeté, sans que le

ministre qui l'a préparé ait été admis à le défendre. Dans ces conditions, on comprend que
les membres du cabinet ne peuvent être responsables. En effet, un vote de blâme émis par
l'une ou l'autre Chambre ne les atteint pas :
ils sont moins des ministres que des fonctionnaires, nommés par le chef de l'État et révo-
cables par lui seul.

Il semble, à première vue, qu'il y ait quelque faiblesse dans le rôle du pouvoir exécutif,
comme on l'entend aux États-Unis ; puisque
le gouvernement, n'ayant pas d'orateur qui le
représente dans les Chambres, ne peut intervenir publiquement dans la discussion des lois.
Mais si l'on étudie de plus près le mécanisme
du régime représentatif en Amérique, on s'a-
perçoit que le président de la République,
désarmé quelquefois au point de vue de l'action, est singulièrement armé au point de vue
de la résistance. Sauf le cas d'une accusation
criminelle, un vote des Chambres ne peut l'atteindre ni directement, ni indirectement. Le
chapitre du budget qui fixe son traitement

étant voté pour toute la durée de son mandat,
il n'a rien à redouter d'un caprice législatif.
Quand il choisit ses ministres, il doit, il est
vrai, faire approuver ses choix par le Sénat;
mais, plus heureux qu'un roi constitutionnel,
il est sûr que ses ministres ne seront jamais
renversés. Il reste maître du gouvernement
pendant quatre ans, quels que soient les changements qui surviennent dans la majorité
parlementaire. La reine d'Angleterre doit former un cabinet tory ou whig, le roi des Belges
doit prendre ses ministres parmi les catho-
liques ou parmi les libéraux, suivant que la
majorité se porte à droite ou à gauche; le président des États-Unis peut continuer de gouverner avec des ministres d'un parti alors que
le parti contraire l'emporte dans les Chambres.
Il est difficile, on l'avouera, de pousser plus
loin la séparation des pouvoirs.

Voilà un siècle que ce système est appliqué
de l'autre côté de l'Atlantique, et quelques
républicains se sont demandé s'il ne serait pas
applicable de ce côté-ci. Nous avons soif de

stabilité : le gouvernement à l'américaine
nous donnerait la stabilité ministérielle pendant quatre ans, c'est bien quelque chose. Ceux
qui parlent ainsi me paraissent oublier que les
États-Unis sont une république fédérale et un
pays décentralisé : d'une part, la liberté politique est garantie par l'organisation fédérative,
et chaque État a sa vie propre ; d'autre part, la
décentralisation administrative défend le citoyen contre les empiétements du pouvoir
exécutif. Chez nous, rien de pareil : les institutions provinciales n'existent plus, et les services publics forment comme un réseau de fils
télégraphiques dont le centre est à Paris. Dans
l'état de nos lois et de nos mœurs, des ministres indépendants des Chambres, assurés de
n'être pas renversés par un vote parlementaire,
exerceraient un pouvoir absolu : ils ne ren-
contreraient de résistance dans aucune autorité locale ; ils interviendraient, par leurs
agents, dans la plus chétive des affaires comme
dans la plus considérable. Le chef de l'État,
servi par des ministres non responsables,

serait un dictateur de quatre ans, dictateur
politique et dictateur administratif. Si les
États-Unis ont pu organiser le gouvernement
représentatif sous une forme toute nouvelle,
s'ils ont pu élever entre les deux pouvoirs une
barrière infranchissable, ce fait particulier
s'explique par des conditions qui ne sont pas
les nôtres. Dans un pays unifié comme la
France et centralisé, il faut sans doute que le
pouvoir législatif ne puisse empiéter sur les
attributions de l'exécutif, mais il faut en même
temps que le pouvoir exécutif reste soumis au
contrôle du législatif.

II

Avons-nous résolu ce double problème en
faisant nommer l'exécutif par le législatif?
Théoriquement, le système est d'une correc-
tion parfaite. Les deux Chambres, réunies en
Congrès, ont le pouvoir souverain : on peut
dire que le chef de l'État est élu par le peuple,

puisqu'il est élu par les représentants du peuple. En Amérique, les électeurs présidentiels forment un corps égal en nombre au total des sénateurs et des députés; en France, les députés et les sénateurs sont de droit électeurs présidentiels : d'un côté comme de l'autre, c'est l'élection à deux degrés. Et cependant, il y a une différence profonde entre les deux systèmes. Aux États-Unis, on l'a vu, le législatif n'a aucune action sur l'exécutif; chez nous, il peut arriver que l'exécutif, qui n'est qu'une émanation du législatif, manque de stabilité et de force. Une fois le président élu, la majorité qui l'a choisi est portée à le considérer comme son mandataire : elle s'étonne s'il résiste à ses volontés; elle oublie difficilement que ce sont ses votes, à elle majorité, qui l'ont porté au pouvoir; elle cherche à peser sur le chef de l'État et sur ses ministres. Transformer le pouvoir législatif en corps électoral, c'est lui donner la tentation de dépasser ses attributions et d'abuser de son autorité.

Faut-il donc, comme quelques-uns le voudraient, faire nommer le chef de l'État par le
peuple ? Mais comment ? Si c'est par l'élection directe, par le plébiscite, on peut répondre
que cette manière de consulter le suffrage
universel est à juste titre suspecte à la démocratie libérale. Veut-on l'élection à deux degrés
d'après le système américain ? Il semble que le
suffrage doive être ainsi plus compétent, plus
éclairé ; mais, en réalité, l'élection indirecte,
telle qu'elle se pratique aux États-Unis, équi-
vaut à une élection directe. Les candidats à la
présidence sont connus au moment où l'on
nomme les électeurs présidentiels : il en résulte
que les électeurs primaires, en votant pour tel
ou tel électeur du second degré, lui donnent
mandat de voter à son tour pour tel ou tel candidat. Directe ou indirecte, au premier degré
ou au second, l'élection populaire présenterait
chez nous les mêmes dangers. Pourquoi ce qui
convient aux États-Unis ne convient-il pas à
la France ? Un écrivain qui a une compétence
spéciale en ces matières, M. Boutmy, l'a

marqué avec une grande netteté : « Que le
système de l'élection du président par le
peuple soit resté inoffensif, dit-il, c'est un fait
tout américain, dont le sens et la portée sont
étroitement limités par les conditions excep-
tionnelles qui résultent de la position géo-
graphique des États-Unis. Il serait téméraire
d'invoquer cette expérience pour conseiller le
même système à des peuples condamnés par
leur mutuel voisinage à entretenir de grands
établissements militaires, et sujets à être per-
dus ou sauvés tour à tour par le génie ou l'incapacité d'un général. Là où un Scipion peut
avoir l'occasion de monter au Capitole et d'y
jurer que la patrie lui doit son salut, le choix
de l'exécutif doit être confié à un organe moins
sujet que les comices populaires aux mouve-
ments réflexes de la peur, de l'espérance et de
la gratitude. »

La question reste donc entière : le chef de
l'État peut n'avoir pas assez d'autorité s'il est
élu par le pouvoir législatif; élu par le peuple,
il aurait trop d'autorité. Il faudrait trouver

quelque chose qui ne fût ni l'élection par le parlement, ni le plébiscite. Le collège électoral nommant le chef de l'État dans une démocratie devrait réunir un certain nombre de conditions particulières : ce collège électoral devrait être issu du suffrage populaire, et représenter aussi exactement que possible la moyenne de l'opinion publique ; il devrait être composé d'hommes assez indépendants et assez éclairés pour que leur choix fût toujours digne du pays ; enfin, il devrait avoir son existence propre, ne pas être formé en vue de l'élection présidentielle, afin d'éviter que les électeurs du premier degré ne donnent, comme aux États-Unis, un mandat impératif aux électeurs du second degré. Où trouver un tel collège électoral dans un État démocratique ? En France, les conseils généraux réunissent les conditions que je viens d'indiquer. Ces assemblées ont bien le caractère populaire qu'on peut souhaiter, puisqu'elles sont élues par le suffrage universel ; elles offrent, par leur composition, toutes les garanties de compétence ;

elles sont des corps constitués et peuvent
faire un choix libre. Ne vous semble-t-il pas
que si un jour on faisait nommer le chef de
l'État par les conseils généraux, on assurerait
vraiment la séparation des pouvoirs? D'un
côté, l'exécutif serait assez fort pour défendre
son indépendance contre le législatif ; d'un
autre côté, on éviterait le danger de dictature
qui est au fond de tout plébiscite.

Je ne donne pas cette idée pour neuve.
J'ignore si elle a été exposée déjà dans quelque
écrit politique, mais je sais qu'elle s'est présen-
tée d'elle-même à un certain nombre d'esprits.
Les conseils généraux représentent chez nous
le dernier vestige des assemblées provinciales :
nous ne devons pas craindre d'étendre leurs
attributions, d'augmenter leur importance, si
nous ne voulons pas que la vie publique se
concentre de plus en plus sur un seul point.
Les conseillers généraux, en tant qu'électeurs
présidentiels, auraient une indépendance et
une autorité que ne peuvent avoir les électeurs
du second degré dans le système américain

Je prévois une objection. Dans notre système actuel, si le président n'est pas nommé au premier tour de scrutin, on procède immédiatement à un second tour, à un troisième ; jusqu'ici, l'élection s'est toujours faite dans une seule séance du Congrès, et tout au plus pourrait-elle être remise au lendemain. Au contraire, chaque conseil général votant au chef-lieu de département, un certain temps serait nécessaire pour centraliser les votes. Un second tour de scrutin n'aurait peut-être lieu qu'après un intervalle de plusieurs jours : d'où une vacance plus ou moins longue du pouvoir exécutif. La réponse à cette objection se trouve dans la constitution des États-Unis. Le dépouillement des votes est fait par le président du Sénat devant les deux Chambres réunies : si aucun candidat n'a obtenu la majorité absolue, il est dressé une liste des cinq candidats qui ont le plus de voix, et c'est parmi eux que la Chambre des représentants choisit le président. Le même procédé serait facile à appliquer chez nous : les bureaux des deux Chambres réunies en Assemblée nationale dépouilleraient les votes émis par les conseils généraux : dans le cas où aucun candidat n'aurait obtenu la majorité absolue, l'Assemblée nationale nommerait immédiatement le président. à la majorité relative, parmi les cinq candidats ayant eu le plus de voix.

On trouve dans la constitution des États-Unis une disposition que nous pourrions peut-être imiter : le candidat qui, après le président, a obtenu le plus grand nombre de voix, est élu vice-président. La vice-présidence est-elle un rouage utile dans la machine constitutionnelle? Je me permets de croire que si, après une expérience d'un siècle, les Américains, gens pratiques, n'ont pas fait l'économie de cette fonction, c'est qu'ils l'ont trouvée bonne à quelque chose. Nous nous trompons quand nous nous représentons le vice-président d'une république comme un personnage purement décoratif. En Amérique, le vice-président remplit une des charges les plus importantes de l'État : il préside le Sénat. En cas de décès ou démis-

sion du président de la république, il le rem-
place. On évite ainsi toute solution de continuité, et la transmission régulière des pouvoirs
est toujours assurée. Les Américains ont pensé
que cela vaut bien la dépense d'un vice-président; je sais plus d'un Français qui est de leur
avis.

III

Dans une monarchie, le chef de l'État a le
droit de dissoudre la Chambre des députés :
aura-t-il le même droit dans une démocratie?
La question a été discutée, elle le sera encore.
Pour les uns, le droit de dissolution est une
vieillerie constitutionnelle, une armure d'un
autre temps bonne à mettre dans un musée
historique : aujourd'hui, disent-ils, le peuple
est souverain, et rien ne peut prévaloir contre
la Chambre populaire. Les autres répondent
que, sous la république comme sous la royauté,
un conflit est toujours possible entre les pou-

voirs publics, et que si le droit de dissolution n'était pas inscrit dans la Constitution, le gouvernement parlementaire se trouverait un jour ou l'autre dans une impasse. Mais alors même qu'on admet le droit de dissolution, on discute encore par qui et comment ce droit sera exercé. Le chef de l'État aura-t-il seul le droit de dissoudre? Pourra-t-il dissoudre seulement la Chambre des députés? Et pourquoi non le Sénat? Car enfin, si l'on prévoit un conflit du pouvoir exécutif avec la Chambre basse, on peut tout aussi bien prévoir un conflit du pouvoir exécutif avec la Chambre haute. Les personnes que ces questions intéressent n'ont pas oublié le système proposé par M. Colani : l'auteur voulait que le président de la république, d'accord avec l'une des deux Chambres, eût toujours le pouvoir de dissoudre l'autre, à la condition de donner lui-même sa démission. Ainsi, la question serait nettement posée, et, dans tous les cas de conflit possibles, le pays jugerait en dernier ressort. Mais on voit tout de suite que ce système ne peut être appliqué utilement que si les deux Chambres et le président sont nommés par le même collège électoral; car si les divers pouvoirs ont une origine différente, la réponse des électeurs pourra ne pas être la même suivant que le président dissoudra le Sénat d'accord avec la Chambre des députés ou la Chambre des députés d'accord avec le Sénat.

La Constitution de 1875 a donné au chef de l'État le droit de dissoudre la Chambre des députés avec l'approbation du Sénat. Cette prérogative de la Chambre haute est-elle excessive? Je ne le pense pas; car la Chambre basse a une prérogative autrement grave, qui est de renverser le cabinet à une seule voix de majorité. Si le Sénat n'avait pas le pouvoir d'accorder ou de refuser la dissolution, il se trouverait en face de la Chambre des députés dans une situation d'infériorité marquée. Que peut-on craindre? que le Sénat n'accorde trop facilement la dissolution quand elle est demandée par le chef de l'État? S'il se trompe, ce sera à ses risques et périls. Le suffrage universel le

lui fera sentir en renvoyant à la Chambre les
mêmes députés. Quant au président de la république, il ne sera jamais tenté d'abuser du
droit de dissolution, puisque c'est sa popularité
qu'il joue, et son autorité. Si, en effet, les
électeurs lui donnent tort, le voilà forcé de gouverner avec des ministres que l'opinion publique lui impose. — Mais, dira-t-on, s'il refuse de
se soumettre? — Alors, devant la volonté du
pays nettement exprimée, il ne lui reste plus
qu'à se retirer. — On insiste : et si le président
résiste, s'il ne veut entendre parler ni de sou-
mission, ni de démission? — Je réponds avec
Tocqueville : « Il y a, dans la constitution de
tous les peuples, quelle que soit du reste sa nature, un point où le législateur est obligé de s'en
rapporter au bon sens et à la vertu des citoyens.
Ce point est plus rapproché et plus visible dans
les républiques, plus éloigné et caché avec plus
de soin dans les monarchies ; mais il se trouve
toujours quelque part. Il n'y a pas de pays où
la loi puisse tout prévoir, et où les institutions
doivent tenir lieu de la raison et des mœurs. »

CHAPITRE II

LES CONFLITS PARLEMENTAIRES

I

J'entends tous les jours des démocrates critiquer le régime parlementaire. Les uns sont
du parti de César, les autres du parti de Pom-
pée ; il semble que tout les divise, et en effet
ils ne sont d'accord que sur un point : il faut
détruire le régime parlementaire. Je le comprends de ceux qui rêvent une démocratie au-
toritaire, mais je le comprends moins bien
de ceux qui veulent allier la démocratie et la
liberté. Quand on a montré les inconvénients,

les défauts du régime parlementaire, qu'a-t-on
prouvé par là? Y a-t-il une institution, quelle
qu'elle soit, qui ne prête à la critique par certains côtés? Si un régime politique est faussé
par les mœurs politiques, la faute est-elle au
régime ou aux mœurs? On charge aujourd'hui
le parlementarisme de tous nos maux, et on
oublie que le parlementarisme a été jusqu'ici
l'honneur des peuples libres : supprimez le
gouvernement représentatif, le contrôle des
deux Chambres, la discussion publique, et vous
verserez dans la démocratie plébiscitaire, c'est-
à-dire dans le pire des despotismes. Le régime
parlementaire est avant tout un instrument de
liberté. Nous avons à nous en servir dans des
conditions nouvelles. L'instrument, qui n'était
manié que par quelques-uns, est maintenant
aux mains de tous : modifions-le, s'il le faut,
mais ne le brisons pas.

Et comment le modifier? Quelques-uns ré-
duiraient volontiers le parlement à une seule
Chambre; mais alors le régime parlementaire
ne serait plus le régime parlementaire, et les

dangers qu'on y signale, l'abus de la parole,
les empiétements du législatif sur l'exécutif,
l'irresponsabilité, les entraînements, seraient
d'autant plus à redouter qu'on aurait supprimé
le contrôle d'une seconde Chambre. D'autres,
moins radicaux, admettraient deux Chambres
si toutes deux étaient directement élues par le
suffrage universel; mais autant nommer une
seule Chambre, la partager en deux et décider
que chaque moitié délibérera dans un local
séparé. D'autres encore, ceux-ci plus modérés,
n'entendent rien changer au système actuel :
que la Chambre des députés soit élue par le
suffrage direct et le Sénat par le suffrage à
deux degrés, rien de mieux, pourvu que les
députés aient toujours le dernier mot et que le
Sénat ne soit qu'une Chambre d'enregistrement. Ou supprimer la Chambre haute, ou la
confondre avec la Chambre basse, ou subor-
donner l'une à l'autre : on voit que ce n'est
qu'une question de plus ou de moins. La réforme parlementaire sera plus ou moins radi-
cale, mais elle se fera, dans tous les cas, aux

dépens du Sénat. On admet comme un axiome que, le suffrage de tous étant la loi de la démocratie, l'assemblée issue du suffrage de tous doit être, ou la Chambre unique, ou tout au moins la première des deux Chambres. Je crois que, parmi les lieux communs politiques, il en est peu d'aussi généralement acceptés et en même temps d'aussi peu fondés. J'estime, pour moi, qu'il est dans la nature des choses que la Chambre haute ait une plus grande part d'influence dans le gouvernement démocratique que dans le gouvernement aristocratique, sous la république que sous la monarchie : la question nous touche d'assez près pour qu'on s'y arrête un instant.

Dans le régime parlementaire, tel qu'il a fonctionné longtemps sous la monarchie, l'une des deux Chambres a son origine dans l'hérédité et l'autre dans l'élection. Il peut arriver, comme en Angleterre, que certains pairs soient nommés par le pouvoir royal, ou même, comme en Espagne, qu'une partie des sénateurs soient élus par les corps constitués; mais l'hérédité n'en reste pas moins, en droit et en fait, le principe de la Chambre haute. Qu'en résulte-t-il? Que la Chambre haute ne représente qu'une classe sociale, tandis que l'autre Chambre représente le pays tout entier. Et alors même que le suffrage est restreint, la Chambre issue du suffrage représente tout au moins le pays légal, c'est-à-dire cette partie de la nation qui a des droits politiques. Dès lors, la balance ne peut être égale entre les deux Chambres, dont l'une, recrutée dans un petit nombre de familles, exprime l'opinion d'une caste; tandis que l'autre, élue par le pays légal, exprime vraiment l'opinion publique. Ce n'est point par un artifice parlementaire, c'est par la force des choses que la Chambre basse l'emporte tôt ou tard dans les monarchies constitutionnelles; c'est parce qu'elle représente les classes moyennes, les intérêts matériels, les idées libérales, les forces vives du pays.

En est-il ainsi dans une démocratie? Il semble, tout d'abord, que le mécanisme constitutionnel soit le même, et qu'il n'y ait que les noms de changés : la Pairie s'appellera Sénat, les Communes deviendront la Chambre des députés; mais le régime parlementaire restera avec l'étiquette républicaine ce qu'il était avec l'étiquette monarchique. Si la Chambre populaire a le dernier mot dans les pays de suffrage restreint, ne l'aura-t-elle pas, à plus forte raison, dans les pays de suffrage universel? Ceux qui parlent ainsi oublient que, dans une démocratie comme la nôtre, les deux Chambres, quoique nommées par des procédés électoraux différents, représentent également le pays. Un député des Communes pourrait dire à un lord : « Vous avez trouvé la pairie dans votre berceau, et j'ai reçu mon mandat de mes concitoyens; vous représentez une caste avec ses traditions, ses préjugés, ses intérêts, ses privilèges, et je représente la masse qui travaille et qui paye l'impôt. » Mais si le député d'un de nos départements tenait le même langage à son voisin le sénateur, celui-ci pourrait répondre : « Vos élec-

teurs sont les miens; ils avaient choisi les
conseillers municipaux, les conseillers généraux, les députés, qui m'ont choisi à leur
tour: le collège électoral qui m'a nommé est
le produit d'une sélection, mais je n'en suis
pas moins l'élu du suffrage universel; je le
représente comme vous, et qui sait? peut-être
plus exactement que vous. » On a l'air de
soutenir un paradoxe en disant que le Sénat
représente le suffrage universel plus exactement que la Chambre des députés; et cependant, je le demande, dans laquelle de ces deux
assemblées trouve-t-on les opinions extrêmes,
qui sont l'exception dans le pays? Laquelle,
au contraire, reproduit le mieux l'opinion
moyenne? C'est le propre de la sélection, en
toute chose, d'atténuer les traits accidentels,
d'accentuer les traits permanents : or le vote
à deux degrés est une sélection. Telle était
sans doute la pensée des auteurs de la constitution américaine, quand ils ont fait du Sénat
le premier corps de la république, quand ils
ont décidé que le Sénat seul approuverait le

choix des ministres et ratifierait les traités.
Ils ont ainsi organisé le gouvernement représentatif sur des bases toutes nouvelles. Mais il ne faut jamais perdre de vue, quand nous parlons des États-Unis, que le système constitutionnel qui convient à une république fédérale, où chaque État a ses institutions propres, ne saurait convenir à un pays où la vie politique est centralisée.

Le gouvernement représentatif, tel qu'il existe à Washington, n'est plus le gouvernement parlementaire : or c'est le gouvernement parlementaire que nous voulons fonder en France. Si nous n'admettons pas que la Chambre des députés prenne en main le pouvoir, s'empare de l'administration, annule l'autre Chambre, tienne l'exécutif en échec, nous n'accepterions pas davantage un Sénat qui fût toujours maître de faire pencher la balance en jetant son vote dans un des plateaux. Le problème, pour nous, est de maintenir l'équilibre des deux Chambres : ce problème me paraît avoir été résolu par la constitution de 1875, sauf sur un point.

II

En Angleterre, le dernier mot est à la
Chambre des communes. Aux États-Unis, le
Sénat parle plus haut que la Chambre des représentants. En France, on s'est efforcé de
donner aux deux assemblées sinon des pouvoirs égaux, au moins des pouvoirs équivalents : là est l'originalité de notre constitution, et il me semble qu'on ne l'a pas assez
remarqué. Quelque délicate que soit toute
comparaison entre des régimes politiques dont
le principe n'est pas semblable, il est un rap-
prochement qui se présente de lui-même à
l'esprit : si nous étudions la constitution des
États-Unis, nous voyons que notre Sénat a
moins d'autorité que le Sénat américain, car
il n'intervient pas dans le choix des ministres;
si, au contraire, c'est en Angleterre que nous
cherchons un terme de comparaison, nous re-
connaissons que notre Sénat a plus d'au-

torité que la Chambre des lords, car le chef de l'État ne peut user du droit de dissolution sans son assentiment. Le législateur de 1875, en réglant les attributions des deux assemblées, a voulu que l'une fût le contrepoids de l'autre : il a donné à celle-là la faculté de renverser les ministres, à celle-ci la faculté de voter la dissolution. Encore une fois, les deux Chambres, dans l'esprit de la constitution, ont des pouvoirs non égaux, mais équivalents. Il y a un seul point où l'équilibre est rompu : c'est le budget.

On sait comment les choses se passent. La Chambre supprime un certain nombre de crédits, le Sénat les rétablit, et voilà le budget qui fait la navette du Palais-Bourbon au Luxembourg et du Luxembourg au Palais-Bourbon. Cependant il faut que la loi de finances soit votée, et autant que possible avant le 31 décembre, car l'expédient des douzièmes provisoires est toujours fâcheux. Qui l'emportera, du Sénat ou de la Chambre? La constitution est muette sur ce point. A défaut d'un texte précis, une jurisprudence s'est établie : le

budget fait deux fois le voyage d'aller et retour,
et à la seconde fois le Sénat accepte les chiffres
de la Chambre. Pourquoi? Parce qu'il est admis
implicitement que la république parlementaire doit suivre les errements de la monarchie
parlementaire, et que, de l'autre côté du dé-
troit, c'est la Chambre des communes qui dit
le dernier mot dans les questions budgétaires.
Mais les deux Chambres ont-elles donc, en
France et en Angleterre, le même caractère?
Peut-on assimiler le Sénat à la Chambre des
lords? Existe-t-il un rapport quelconque entre
un sénateur élu par ses concitoyens, et un lord
qui occupe son siège par droit d'hérédité?
Où, quand, comment a-t-on vu que le Sénat,
issu du suffrage à deux degrés, ne représente
pas le pays au même titre que la Chambre
des députés, issue du suffrage direct?

D'après la constitution qui nous régit, le
pouvoir législatif n'est pas dans une Chambre
plutôt que dans l'autre; il est dans les deux
Chambres réunies. La prérogative que la
Chambre des députés s'attribue en matière de

budget n'est fondée ni en droit ni en fait. La Chambre haute n'a aucun motif de subir les fantaisies financières de la Chambre basse. Si deux opinions différentes se produisent dans les deux moitiés du parlement, l'une de ces opinions peut refuser de s'effacer devant l'autre : la logique, le bon sens veut qu'une transaction intervienne. C'est ce qui a lieu aux États-Unis. Le budget, en cas de désaccord entre les deux Chambres, est renvoyé à une commission mixte, nommée pour moitié par le Sénat, pour moitié par la Chambre des représentants. Cette commission, composée d'hommes compétents, arrive toujours à une transaction ; elle arrête les chiffres définitifs du budget. Dès lors, la loi de finances ne peut plus être discutée. Les deux Chambres doivent l'accepter ou la repousser en bloc : c'est le vote forcé.

Du système américain qui en dernier ressort soumet le budget à une commission nommée par les deux Chambres, ou du système anglais qui reconnaît la prépondérance de la Chambre

basse en matières de finances, lequel convient
le mieux à une démocratie? Ceci revient à dire :
le régime parlementaire peut-il être appliqué
dans les mêmes conditions en monarchie et en
république? Il suffit d'observer les faits dont
nous sommes témoins pour répondre non sans
hésiter. Le régime parlementaire, en passant de
monarchie à république, se modifie par la force
des choses, et les changements doivent porter
surtout sur les rapports des deux Chambres.
Dès que vous remplacez la Pairie héréditaire
par un Sénat élu, une assemblée aristocratique
par une assemblée démocratique, vous êtes
mal venu à vouloir limiter l'autorité de cette
assemblée dans les questions budgétaires. La
Chambre issue du suffrage à deux degrés doit
être souveraine dans le domaine financier au
même titre que la Chambre issue du suffrage
direct : il n'est que temps pour elle de reven-
diquer ses droits. Si l'accord ne peut se faire
entre le Sénat et la Chambre des députés, rien
de plus simple que de renvoyer le budget à une
commission formée par moitié de députés et de

sénateurs : on éviterait ainsi des débats aussi irritants parfois qu'inutiles. La procédure suivie aux États-Unis assurerait l'égalité des deux Chambres, qui est dans l'esprit, sinon dans la lettre de notre constitution républicaine.

Le vote du budget est l'occasion la plus ordinaire des conflits parlementaires. J'admire les radicaux doctrinaires qui s'indignent quand le Sénat ose rétablir quelques crédits supprimés : il faut bien admettre cependant que les deux Chambres puissent ne pas être d'accord un jour ou l'autre; car si elles devaient toujours être du même avis, il serait superflu d'avoir deux Chambres. On veut que le Sénat s'efface dans les questions d'impôt, c'est-à-dire dans les questions qui touchent le plus directement l'électeur; mais en s'effaçant, il risque de s'amoindrir. Qu'on ne s'y trompe pas : la Chambre haute, dans une démocratie, n'a plus le prestige du nom, de la fortune, des titres, du rang social; issue de l'élection comme la Chambre basse, elle ne peut espérer une égale influence qu'avec des attributions égales.

Or, parmi ces attributions, il n'en est pas de
plus importante que le vote du bugdet. Il est
donc à désirer, pour ceux qui veulent assurer
l'équilibre des pouvoirs publics, que le Sénat
ait les mêmes droits financiers que la Chambre
des députés : il suffit, pour cela, d'imiter la
procédure américaine. Ici, les États-Unis nous
ont donné un exemple bon à suivre. Nos aînés
dans la démocratie se sont efforcés de faire au
Sénat une situation non seulement égale à
celle de la Chambre des représentants, mais
dans bien des cas prépondérante : je ne vais
pas si loin, et l'égalité me suffit. Ce langage
n'est pas à la mode, et nos radicaux parlent
d'une autre sorte : mais je sais plus d'un républicain, parmi les plus fermes, qui estime que
tout ce qu'on fera pour accroître l'importance
et la dignité du Sénat tournera au profit de la
république.

CHAPITRE III

DU BESOIN DE STABILITÉ

I

L'élection est le principe de la démocratie ; le mouvement, sa première condition d'existence. Les institutions qui se renouvellent, les hommes qui changent, les mœurs qui se transforment, l'instruction accessible au grand nombre, la libre discussion de toute chose, c'est la force de la démocratie, et c'est aussi sa faiblesse. Voyez cette locomotive lancée à toute vitesse : elle a passé devant vos yeux dans un tourbillon de fumée ; elle traverse les

montagnes, franchit les fleuves ; son mouvement, de minute en minute, est plus rapide :
que lui manque-t-il ? Un frein, et la machine
sera parfaite. C'est ce frein que la démocratie
doit se donner à elle-même, si elle veut éviter
les chocs et les déraillements.

L'instabilité apparaît tout d'abord dans les
changements et les surprises de la majorité.
Le suffrage universel a des revirements im-
prévus. Il se forme des courants d'opinion qui
modifient les profondeurs de la masse électorale sans en altérer la surface. Un département
qui semblait acquis à une opinion passe tout
d'un coup à l'opinion contraire. Si, au lieu
d'un seul département, c'est dans plusieurs
départements que la majorité se déplace, tout
peut être mis en question du jour au lendemain.
Ces transformations de l'esprit public se produisent peu à peu, sous l'influence d'une série
de faits qui s'ajoutent l'un à l'autre ; mais rien
ne nous avertit. A la veille des élections générales, nul ne peut prévoir les résultats du
scrutin, et les plus habiles s'y sont trompés.

On sait ce que les électeurs pensaient, ce qu'ils voulaient la dernière fois qu'ils ont voté ; mais, pendant la durée d'une législature, c'est-à-dire pendant quatre ans, un abîme a pu se creuser entre les électeurs et les élus.

Dans une affaire privée, dans une société industrielle ou financière, on n'oserait pas dire aux actionnaires : « Vous allez nommer des administrateurs qui, pendant quatre ans, géreront vos intérêts comme bon leur semblera ; ils pourront accumuler faute sur faute, sans que vous ayez le moyen de manifester votre mécontentement. » On procède autrement ; à la fin de chaque année, on tire au sort les noms d'un certain nombre d'administrateurs, et on fait une élection partielle. Les intéressés, s'ils sont satisfaits, nomment les mêmes administrateurs ; sinon, ils votent pour d'autres, et c'est un avertissement dont il faut bien tenir compte. Ainsi, l'accord existe toujours entre les mandants et les mandataires : si les actionnaires estiment que la direction donnée à l'affaire n'est pas celle qui convient, ils sont maîtres de modifier peu à peu la composition du conseil d'administration ; mais on ne voit pas la majorité se déplacer du jour au lendemain. Il est surprenant que les précautions qui ont paru nécessaires dans la plus vulgaire des sociétés anonymes, on les juge inutiles dans la société politique. Le suffrage universel est souverain, et toute une législature s'écoule sans qu'on ait consulté le suffrage universel. En quatre ans, le corps électoral a pu changer du tout au tout, par réflexion, par intérêt, par peur, par lassitude : nous ne savons rien de ces changements. Nous sommes exposés à ce qu'une majorité conservatrice soit brusquement remplacée par une majorité libérale, ou une majorité libérale par une majorité conservatrice.

Pourquoi ne pas procéder dans les affaires publiques comme dans les affaires privées? Le renouvellement partiel serait le meilleur moyen de donner quelque stabilité au parlement. En remplaçant, à chaque élection, un tiers ou un quart seulement des députés, on éviterait les

brusques solutions de continuité; on créerait
une certaine tradition dans la Chambre. C'est
un premier avantage du renouvellement partiel,
et ce n'est pas le plus grand. Si l'on consultait
plus souvent le suffrage universel, on serait
au courant des variations de l'opinion publique : les nouveaux députés apporteraient dans
la Chambre un esprit nouveau ; le parlement
se modifierait peu à peu avec le pays lui-même.
Lorsqu'un conseil d'administration est nommé
pour quatre ans, un quart des membres est
soumis chaque année à la réélection : on pourrait faire de même pour le parlement. Redoute-
t-on l'agitation électorale? craint-on de fatiguer
les citoyens en les appelant à voter si fréquem-
ment? Rien de plus simple que de diviser les
départements en quatre séries, qui nommeraient leurs députés à tour de rôle : ainsi, chaque électeur n'aurait à voter qu'une fois tous
les quatre ans, comme il le fait aujourd'hui.

Le renouvellement partiel n'est pas une nouveauté ; il existe dans plusieurs pays d'Europe
et d'Amérique. En Saxe, la Chambre est élue

pour neuf ans et renouvelable par tiers tous
les trois ans. En Belgique, en Hollande, les
députés sont élus pour quatre ans, et tous les
deux ans la moitié de la Chambre est soumise
à la réélection. En Danemark, le Landsthing
se renouvelle par moitié. Aux États-Unis, le
Sénat se renouvelle par tiers. Dans la Confédération Argentine, la Bolivie, l'Équateur, le
Paraguay, le Pérou, le San-Salvador, le renouvellement des Chambres a lieu tantôt par
tiers, tantôt par moitié. En France même, le
renouvellement intégral d'une assemblée est
plutôt l'exception que la règle; car non seulement le Sénat, mais les conseils généraux et
les conseils d'arrondissement se renouvellent
par fractions. On ne voit aucun motif de ne
pas appliquer le renouvellement partiel à la
Chambre des députés, et on peut affirmer que
cette mesure serait accueillie favorablement
par l'opinion publique.

II

On retrouve l'instabilité dans le travail législatif. Chaque groupe, chaque député dépose son projet de loi. La démocratie veut des réformes, et elle a raison; mais encore faut-il que les réformes soient motivées et qu'elles viennent à leur heure. Il n'en va pas tout à fait ainsi : les projets de loi se succèdent, trop souvent hâtifs, mal étudiés, inutiles, contradictoires. Peu importe; la prise en considération est toujours votée : c'est une politesse qu'on ne peut guère se refuser entre collègues. La Chambre nomme une commission, la commission choisit un secrétaire, le secrétaire rédige un rapport, et le rapport va grossir le supplément du *Journal officiel*. Je voudrais qu'un statisticien pût faire le compte du nombre d'heures employées à rédiger, à étudier, à discuter, à rapporter des projets de loi qui reposent dans les cartons du Palais-Bourbon et ne passeront jamais dans nos codes.

L'initiative parlementaire est chose excellente, mais il n'en faut pas abuser. Si un député a une compétence spéciale dans un ordre d'idées donné, il pourra déposer un projet de loi très utile; mais tel autre, sans préparation, sans étude suffisante, rédigera un projet quelconque, dont le principal mérite sera de mettre en lumière le nom de l'auteur. Ainsi, trop souvent, le travail législatif se fait à bâtons rompus; on considère une loi en elle-même, sans s'inquiéter de ses rapports avec les lois qui existent déjà sur la même matière. Chacun veut légiférer : celui qui n'a pas son projet de loi veut avoir son amendement. Quand vient le jour de la discussion publique, le texte primitif disparaît sous les amendements, et il faut toute l'autorité du président pour mettre un peu d'ordre dans les débats. Il arrive qu'un discours éloquent, un moment d'entraînement, une de ces surprises si fréquentes dans la vie parlementaire fait voter un article qui détruit toute l'économie d'une loi : on s'en aperçoit un peu tard; mais on se console en pensant que le

Sénat est là pour corriger les fautes de la
Chambre. L'abus des amendements est surtout
à redouter dans la discussion du budget; car
il suffit parfois de quelques lignes placées mal
à propos dans la loi de finances pour porter
atteinte à des droits acquis, supprimer des
fonctions nécessaires et désorganiser un service public.

Comparez les projets de loi présentés par le
gouvernement et ceux qui émanent de l'initiative parlementaire : vous verrez, dans la plupart des cas, que ceux-là sont plus étudiés que
ceux-ci. Pourquoi? Parce qu'ils ont été préparés par des hommes spéciaux. Un ministre
qui veut proposer une loi nouvelle a cent
moyens de se renseigner : il s'informe auprès
des gens compétents, il nomme une commission d'études, il soumet son projet au Conseil
d'État. Le texte qu'il apporte aux Chambres
aura été longuement discuté dans ses détails;
ce sera un tout, dont les différentes parties
seront rigoureusement coordonnées. Il serait
facile de donner la même solidité aux propo-

sitions émanant de l'initiative parlementaire :
il suffirait de décider que tout projet de loi,
avant d'être discuté dans le parlement, devra
être soumis à l'examen du Conseil d'État. Ce
grand corps a une compétence à la fois juri-
dique et administrative; il donnerait son avis
dans un rapport qui serait imprimé à la suite
du projet. L'initiative parlementaire resterait
entière, puisque les Chambres, après avoir
pris connaissance des observations du Conseil
d'État, n'en tiendraient compte que dans la
mesure où elles le jugeraient convenable; mais,
du moins, elles ne délibéreraient que sur un
texte sérieusement élaboré.

J'irais volontiers plus loin. Aujourd'hui,
dans certaines discussions importantes, le ministère charge un conseiller d'État de défendre
l'opinion du gouvernement devant les Chambres. Je voudrais que ce qui n'a été jusqu'ici
que l'exception devînt la règle ; je voudrais
que, tout projet de loi étant examiné par le
Conseil d'État, le rapporteur vînt soutenir l'opinion du Conseil d'État devant le parlement. Me

trompé-je? il me semble que la discussion des
questions d'affaires ne pourrait qu'y gagner.
Je sais bien que quelques-uns, qui bâclent un
projet de loi comme on fume un cigare, hési-
teraient devant cette perspective de voir leurs
élucubrations examinées par le Conseil d'État
et critiquées publiquement par le rapporteur.
Il y aurait moins de propositions émanant de
l'initiative parlementaire : le mal serait-il bien
grand? Moins de lois et de bonnes lois, c'est
ce que je souhaite à nos députés et à nous-
mêmes. La fonction du législateur ne consiste
pas à reviser le code tous les matins, à changer tantôt un article et tantôt un autre, à déchirer le lendemain le texte de la veille, à légiférer
sur tout et sur rien. Notre édifice législatif,
tel qu'il est, nous abrite : avant de jeter un mur
par terre, réunissons les matériaux nécessaires
pour le remplacer et assurons-nous que la nouvelle construction vaudra au moins l'ancienne.
Pour parler sans figure, méfions-nous des
réformes hâtives, et tâchons de faire œuvre qui dure; car l'instabilité dans les lois

est peut-être pire que l'instabilité dans les hommes.

III

Nous avons à nous défendre encore de l'instabilité dans l'œuvre administrative.

Il y a, dans toute administration, certaines traditions nécessaires. Il n'en faut pas exagérer l'importance ; il ne faut pas non plus la méconnaître. La démocratie, qui est trop jeune pour avoir ses traditions à elle, est portée à se méfier des traditions en général. Le raisonnement a plus de prise sur elle que l'expérience. Dans la pratique administrative, avec ses précédents et ses formules, elle voit surtout la routine : elle ne se demande pas si ces précédents ont une raison d'être, si ces formules ont un sens. Elle veut innover. Elle cherche le bien immédiat, absolu. Pour corriger un abus, elle ne craint pas de remanier tout un service public : elle a quelquefois raison, 'et quelquefois elle a tort. Ainsi, le désir du mieux, qui est l'honneur de la démocratie, peut devenir une cause de désorganisation.

De même, la démocratie veut que les emplois publics soient accessibles à tous. Rien de plus juste : c'est l'égalité devant la loi. Mais si tous peuvent prétendre aux emplois, il faut entendre que ceux-là les obtiendront qui seront les plus capables de les bien remplir. Est-ce toujours là ce que nous voyons? Un poste est vacant; celui qui l'obtient est souvent étranger à la carrière, sans antécédents, sans titres administratifs. Il s'est fait remarquer ailleurs, dit-on, par la plume ou par la parole : homme de mérite, je le veux, mais non du genre de mérite qui convient. Il fallait un administrateur, on a nommé un politicien. C'est là un des écueils de la démocratie : la politique étant la chose de tous, on retrouve la politique partout; elle pénètre dans l'administration, arrête les uns, fait avancer les autres, confond les fonctions et trouble les fonctionnaires. Tout le monde convient qu'il faut séparer l'armée de la politique : il n'est pas moins nécessaire d'en séparer l'administration. Si l'avancement n'est pas soumis à des règles fixes, si la carrière de chacun ne dépend pas seulement de son mérite, si les opinions peuvent être mises en balance avec les services, si une crise gouvernementale peut avoir un contre-coup quelconque dans l'armée ou dans l'administration, il n'y a plus ni administration ni armée. L'œuvre administrative, comme l'œuvre militaire, doit être impersonnelle. Pour le fonctionnaire comme pour le soldat, le devoir est abstrait : tous deux servent leur pays, tous deux doivent rester étrangers aux luttes des partis.

Si la France, depuis le commencement du siècle, a pu impunément changer sept fois la forme de son gouvernement, c'est que l'administration a été en dehors de l'action politique. Quand tout se modifiait, les hommes et les lois, sous le Consulat, sous l'Empire, sous la Restauration, sous la Monarchie constitutionnelle, sous la deuxième République, sous le second Empire, sous la troisième République,

quelque chose restait fixe : ce quelque chose,
c'est la tradition administrative. Révolutions,
émeutes. coups d'État. guerre étrangère et
guerre civile, nous avons tout supporté : un
pays où l'administration eût été moins forte,
moins homogène, serait depuis longtemps
désorganisé. Il faut le dire bien haut, nous devons notre salut en grande partie à cette administration qu'on attaque trop souvent sans
prendre la peine de l'étudier. Que lui repro-
che-t-on ? D'être lente, formaliste, quelquefois
tracassière. Les critiques de détail peuvent être
fondées; mais elles ne doivent pas nous empêcher de reconnaître, dans l'ensemble, la
grandeur du service rendu.

La démocratie, en poursuivant trop rapidement la réforme des services publics et le renouvellement du personnel. risquerait d'en-
lever toute stabilité à l'administration. Or cette
stabilité est plus nécessaire au gouvernement
démocratique qu'à tout autre. Plus le principe
de l'élection introduit de mobilité dans l'ordre
politique, plus il faut de fixité dans l'ordre

administratif : c'est un contrepoids nécessaire. Les majorités gouvernent, et les majorités sont changeantes ; des idées nouvelles, des hommes nouveaux surgissent chaque jour ; les principes de gouvernement sont sans cesse remis en question ; un long temps peut s'écouler avant que la démocratie ait une politique stable. Il lui importe d'autant plus d'avoir une armée stable, pour défendre le pays ; une administration stable, pour expédier les affaires.

La première condition, si l'on veut la stabilité dans l'administration, c'est de bien payer les fonctionnaires. Pour que celui qui entre dans la carrière administrative ait la pensée de la suivre jusqu'au bout, pour qu'il consacre tout son temps et toutes ses forces au service de l'État, il faut que l'État assure sa vie matérielle. Un commis a 1800 francs d'appointements : c'est trop pour un amateur, ce n'est pas assez pour un employé qui fait son devoir. Qu'en résulte-t-il ? que beaucoup cherchent à gagner quelque argent au dehors, et donnent à l'administration le moins de temps possible. Le

traitement d'un chef de bureau est de 6 000 à
8 000 francs, mais ce chef de bureau doit tenir
un certain rang dans le monde : s'il n'a pas
quelque fortune, c'est la gêne; son caractère
s'aigrit, et la besogne n'en est pas mieux faite.
Depuis trente ans, le prix de toutes choses a
doublé, sans que le traitement des fonctionnaires se soit élevé en proportion. Ainsi, la
démocratie est arrivée à ce résultat antidémo-
cratique, que celui qui n'a aucun revenu personnel hésite à entrer dans l'administration ;
il hésitera de même à entrer dans la magistrature, dans la diplomatie, dans l'armée. On parle
de réformes administratives : la première serait
d'exiger des fonctionnaires une plus grande
somme de travail utile et de faire à chacun
une situation en rapport avec son mérite. Le
jour où un jeune homme sans fortune pourra
trouver dans les services publics une situation
non plus seulement honorable, mais lucrative,
il sera permis à l'administration de se montrer
plus sévère dans le recrutement de son personnel ; les non-valeurs seront éliminées peu

à peu, et les emplois inutiles supprimés; le niveau moyen s'élèvera; on aura des fonctionnaires d'autant plus assidus, d'autant plus dévoués au devoir professionnel que leur travail sera mieux rémunéré. Moins de fonctionnaires et des fonctionnaires mieux payés, c'est un gage de stabilité administrative.

La seconde condition d'une administration stable, c'est que l'avancement soit soumis à des règles fixes. Je ne rêve pas de supprimer la faveur dans les affaires de ce monde : il y aura des passe-droits sous tous les régimes, car on ne change pas les hommes en changeant la forme du gouvernement; mais il semble que la démocratie, qui a l'égalité pour principe, doive se défendre des passe-droits plus que tout autre régime. Plus les élus du suffrage universel ont d'influence, plus il importe que le fonctionnaire soit protégé par les règlements administratifs. Il faut lui assurer deux choses : la sécurité dans le présent, un minimum d'avancement dans l'avenir. Si le fonctionnaire voit un nouveau venu dans la carrière

franchir d'un coup plusieurs échelons, hier inconnu, chef aujourd'hui, il perd toute sécurité ;
s'il n'a pas l'assurance que son assiduité sera
récompensée dans une certaine mesure, il perd
tout espoir. Voyez ce qui se passe dans l'armée : en imposant à l'officier un minimum de
temps dans chaque grade, on se défend des
excès de la faveur ; en combinant l'avancement
à l'ancienneté et l'avancement au choix, on
récompense la durée des services en même
temps que le mérite personnel. Dira-t-on qu'il
existe, dans les différentes administrations
publiques, des règlements qui se rapprochent
plus ou moins de ceux de l'armée? Je ne
l'ignore pas ; mais il y a cette différence entre
les règlements militaires et les règlements
civils, que les uns sont appliqués et que les
autres sont quelquefois lettre morte. Un nouveau service est créé : je peux être nommé,
de but en blanc, chef de bureau. Un nouveau
régiment est formé : aucune protection ne me
fera nommer capitaine si je n'ai servi comme
lieutenant. Comparez, et jugez. On a dit sou-

vent que la force de l'armée est dans la solidité de ses cadres : si vous voulez que l'administration ait des cadres aussi solides que ceux
de l'armée, donnez au fonctionnaire les mêmes
garanties qu'à l'officier.

Nous avons besoin de stabilité. Il semble
que les différentes mesures qu'on vient d'indiquer donneraient satisfaction à ce besoin.
Avec le renouvellement partiel, on aurait dans
la Chambre plus d'unité et de suite. En sou-
mettant tous les projets de loi à l'examen du
Conseil d'État, on empêcherait l'abus de l'initiative parlementaire. Enfin, on fortifierait
l'administration en ayant moins de fonctionnaires, en les payant mieux et en réglant
l'avancement par une loi. Mais ce n'est là
qu'une partie de la réforme. Il faut encore
que la démocratie fasse un effort sur elle-
même, qu'elle critique ses propres tendances,
qu'elle se modère, qu'elle se discipline ; car les
meilleures institutions servent de peu si les
mœurs politiques ne leur viennent en aide.

CHAPITRE IV

LA VRAIE DÉCENTRALISATION

I

J'hésite au moment d'écrire ce dernier chapitre. La question n'est pas de celles qu'on peut traiter en quelques pages. Et cependant elle touche par tant de points à mon sujet que je ne peux m'empêcher d'en dire un mot. Si le suffrage universel se laisse entraîner parfois vers les extrèmes, si le régime parlementaire s'acclimate avec peine dans notre démocratie, si nous souffrons de l'émiettement des partis et de la confusion des pouvoirs, enfin si nos mœurs ne sont pas d'accord avec nos lois, je crois que la faute en est en grande partie à cette centralisation excessive que la Monarchie avait commencée et que la Révolution a achevée.

Le gouvernement libre, le gouvernement du peuple par le peuple, suppose une certaine éducation publique. Or cette éducation n'est pas possible dans un pays où tout est centralisé à outrance. Ailleurs, la vie municipale ou la vie provinciale est une école de discussion, de liberté ; chacun, en s'occupant des affaires de la paroisse ou du comté, fait son apprentissage de citoyen. En France, tous les cadres de la vie locale ont été brisés. La commune n'est qu'une formule administrative. Il ne s'y attache, pour nous, aucune tradition, aucun sentiment. Le paysan quitte les champs pour la ville, aussi facilement que le bourgeois change d'appartement. On ne dit plus : « mon village », comme on ne dit plus : « ma maison. » Qu'y a-t-il entre la commune et l'État ? Rien. Le canton, l'arrondissement, le département ne sont que de pures figures géométri-

ques. Les divisions territoriales ne répondent
ni à des intérêts, ni à des idées. Je parcours
la France, et je vois des hommes qui travaillent, qui épargnent ; je ne vois ni associations,
ni groupes, ni vie collective. De temps en temps
on renouvelle les conseils municipaux et les
conseils généraux : l'électeur vote ou ne vote
pas ; le lendemain, il n'y pense plus. Qui se
soucie du budget communal ou département-
tal ? qui se préoccupe des affaires du canton,
de l'arrondissement ? Les questions d'affaires,
besogne ingrate qu'on abandonne aux membres des corps élus et aux fonctionnaires dont
c'est le métier. Parlez-moi des questions politiques, voilà qui est digne du citoyen : il ne
s'inquiétera pas de ce qui se passe dans son
village ou sa petite ville ; mais il lira les journaux de Paris, il se passionnera pour une
interpellation parlementaire, il pariera pour
le maintien ou le renversement du ministère.

Tous tant que nous sommes, parisiens ou
provinciaux, citadins ou ruraux, nous donnons
volontiers notre avis sur la politique générale

et nous tranchons de haut les questions les
plus difficiles. Et cependant nous n'avons
aucune éducation politique, aucune expérience
des assemblées, aucune pratique de l'association. Nous discutons le budget de l'État, et
combien d'entre nous seraient capables d'établir le budget de la plus misérable commune ?
La plupart des lettrés ne savent pas le premier mot des lois politiques, des règlements
administratifs. Nous nous jetons à l'eau, non
sans hardiesse ; nous n'avons oublié qu'une
chose, c'est d'apprendre à nager.

Et où l'aurions-nous appris ? Nous laissons
faire nos affaires par l'État et ses représentants à tous les degrés, nous nous méfions de
nous-mèmes, nous craignons de nous mettre en
avant, en un mot nous ne vivons pas de la vie
publique. La liberté est dans nos lois, mais
nous n'avons pas les mœurs de la liberté.
Nous ne savons pas nous associer ; nous
n'osons ni parler, ni écrire. Chacun se ren-
ferme en soi et chez soi. Pour secouer notre
apathie, il faut l'élection d'un député. Le seul

point qui nous touche est de savoir si notre représentant siégera à droite ou à gauche. Nous ne nous intéressons à rien, hors la politique générale ; et comme nous ne sommes pas préparés par la discussion des affaires locales, par l'exercice des fonctions électives, par l'association sous ses différentes formes, par l'expérience que tout citoyen peut acquérir dans les pays décentralisés, la conséquence est que nous réduisons toute la politique à quelques idées abstraites. C'est, pour nous, affaire de raisonnement : l'un raisonne juste, l'autre raisonne faux ; mais tout le monde raisonne.

D'où vient le mal? De ce que, depuis deux cents ans, la vie publique s'est de plus en plus concentrée en un seul point. C'est un phénomène d'hypnotisme unique dans l'histoire. Tout individu qui se croit capable de faire quelque figure dans le monde prend un billet de chemin de fer pour Paris ; si bien que dans ce Paris, dont la population ne cesse de s'accroître, il y aura bientôt plus de provinciaux que de parisiens. Deux millions d'individus entassés les uns sur les autres, ayant pour respirer un cube d'air insuffisant, condamnés dans toutes les carrières à un travail exagéré, se disputant l'emploi le plus chétif; la vie factice, la folie du luxe, le surmenage intellectuel et physique, les plus grands vices avec les plus grandes vertus; tout un peuple de travailleurs, ouvriers, commerçants, artistes, écrivains, professeurs, savants, qui est l'honneur de la France, et à côté deux cent mille vagabonds et mendiants : voilà Paris. Dira-t-on que ces traits ne sont point particuliers à Paris, et que toutes les grandes capitales nous offrent plus ou moins le même spectacle? Peut-être; mais ailleurs il existe de grands centres administratifs, universitaires, économiques, dont l'influence peut balancer celle de la capitale. Chez nous, rien de pareil. Des divers organes de la vie collective, les uns ont disparu, les autres sont atrophiés. Tout est dans Paris. La moindre affaire contentieuse, née dans la dernière des communes, suivra la filière adminis-

trative pour aboutir aux bureaux d'un ministère. Nous avons, en province, des Facultés des
lettres et des sciences, avec des maîtres éminents; mais vous persuaderez difficilement au
public qu'un licencié de Bordeaux ou de Lyon
vaut un licencié de la Sorbonne. Voici le commerce qui se centralise sous nos yeux : les
grands magasins du *Bon Marché*, du *Prin-
temps*, du *Louvre* envoient partout leurs mar-
chandises, et le commerce local se meurt dans
plus d'une petite ville. Allez dans les départements : on lit les livres de Paris, on joue les
pièces de Paris, on porte les modes de Paris,
on répète les bons mots de Paris; et si une
chanson populaire fait son tour de France,
soyez sûr qu'elle a été chantée pour la première fois dans un café-concert des Champs-
Élysées.

La centralisation n'est pas seulement dans les
institutions. elle est dans le sang du peuple
français.

On conçoit la centralisation avec le gouvernement absolu. Si l'autorité est dans un

homme ou dans une classe sociale, tous les
rouages de la vie publique peuvent se trouver
réunis en un seul point. Mais la démocratie
et la centralisation sont des idées contradictoires. Quand je vois des démocrates qui voudraient grandir encore l'importance de la
capitale, faire de Paris l'arbitre de l'opinion
publique et transformer le conseil municipal en
un parlement au petit pied, je suis toujours
tenté de leur dire : Mes amis, vous êtes plus
royalistes que la royauté, et l'on voit bien que
vous avez huit cents ans de monarchie dans
les veines. La démocratie est le gouvernement
du peuple, mais le peuple est à Carpentras ou
à Landerneau aussi bien qu'à Paris. Si Paris
fait la loi, pense, décide, administre pour la
France entière, prenez garde : c'est une oli-
garchie que vous nous offrez, non une démocratie. Vous voulez, dites-vous, que le peuple
gouverne : donnez-lui le moyen d'apprendre
à gouverner. Laissez-le faire ses affaires lui-
même : ce n'est qu'en s'occupant des intérêts
de la commune, du canton, de l'arrondisse-

ment, qu'on devient capable de discuter les intérêts de l'État.

Donnez la liberté d'association, sans rechercher si elle profitera plus ou moins à vos adversaires : ce sera la lutte, je le sais, mais au
grand jour, à armes égales, et moins dange-
reuse après tout que cette lutte sourde où la
minorité se croit toujours opprimée.

Ne craignez pas de ressusciter la vie locale,
les corps constitués, les assemblées provinciales. On vous dira que ce sont des institutions
imitées de l'ancien régime : qu'importe, si elles
sont animées de l'esprit nouveau? Ces mêmes
institutions, en Angleterre, en Amérique, sont
le support de la liberté. Au contraire, quand
l'individu est seul en face de l'État tout-puis-
sant, sans lien avec ses concitoyens, sans cadres, sans discipline, la démocratie peut se
trouver, un jour ou l'autre, à la merci d'un
coup d'État ou d'une émeute.

II

En général, l'école démocratique professe
d'autres doctrines. Ceux-là, disciples plus ou
moins conscients de la tradition jacobine, confondent la centralisation et l'unité politique.
Ceux-ci consentiraient à décentraliser, mais
au profit de la commune. L'autonomie communale est aujourd'hui la forme de décentralisation à la mode. L'idée est simple : la commune est comme une grande famille; elle a
son budget, ses écoles, ses chemins, ses pro-
priétés; que chaque commune élève donc ses
enfants, secoure ses pauvres, règle ses recettes
et ses dépenses, dispose comme elle l'enten-
dra de tout ce qu'elle possède. Voilà qui est
fort bien; mais de quelle commune s'agit-il?
Est-ce de Paris, avec ses deux millions d'âmes,
ou de Tartre-Gaudran (Seine-et-Oise) qui a
vingt et un habitants? Soumettrez-vous Tartre-
Gaudran et Paris au même régime? Proclame-

rez-vous l'égalité des communes? Direz-vous
qu'il n'y a plus de différence, ni administrative
ni politique, entre nos grandes cités et un
hameau perdu dans les Alpes ou un village de
pêcheurs au bord de l'Océan? La France ne
sera-t-elle plus qu'une fédération de communes
libres? Alors on verrait, d'un côté, les petites
communes, gaspillant leurs ressources, alié-
nant leurs biens, conduites à la ruine; de
l'autre côté, les grandes communes adminis-
trant avec plus de sagesse leurs intérêts matériels, mais se jetant dans l'opposition politique
et se mettant en révolte ouverte contre les lois.
Peu à peu, les grandes communes pèseraient
sur les petites, les conseils municipaux des
villes donneraient le mot à ceux des villages.
Ce serait, non la décentralisation, mais une
centralisation d'une nouvelle espèce, où l'ordre
serait remplacé par le désordre.

Cette commune, qui compte tantôt vingt et
un habitants et tantôt deux millions, ne peut
être le point de départ d'une œuvre de décentralisation : il faut chercher ailleurs.

Je crois que la question est mal posée. De quoi s'agit-il? De rétablir l'équilibre, de trouver un contrepoids à cette masse qui s'appelle Paris. L'autonomie communale est une illusion. Regardez les peuples qui nous entourent, et vous verrez chez eux autre chose que des communes libres : partout, excepté en France, il y a un certain nombre de centres où les forces sociales convergent. Pourquoi des capitales comme Berlin, Rome, Madrid, n'emportent-elles pas toujours la balance? Parce que des villes comme Leipsick et Dresde, Florence et Naples, Séville et Barcelone, leur font contrepoids. La vraie décentralisation n'est pas de créer une multitude de villes ou de villages indépendants les uns des autres, mais d'organiser quelques grands centres dans lesquels la vie provinciale se développe. Chez nous, les chefs-lieux de département ne remplissent pas cette fonction et ne peuvent pas la remplir : tout d'abord, ils sont trop nombreux ; en outre, la différence est trop grande d'un chef-lieu à un autre, et l'on ne peut avoir

la pensée d'assimiler Digne ou Mende à Lyon
ou Bordeaux. Le territoire de la France a été
divisé d'une façon si arbitraire que tantôt le
ressort de la Cour d'appel n'est pas le même
que celui de l'Académie, ou tantôt le siège de
l'évêché et celui du commandement militaire
se trouvent dans deux villes différentes. La
décentralisation, telle qu'elle est entendue
ailleurs, aurait pour premier effet de grouper
les divers services publics : il s'agirait de
choisir un petit nombre de villes qui devien-
draient des chefs-lieux à la fois administratifs,
ecclésiastiques, judiciaires, militaires, universitaires.

Ce que je dis ici, d'autres l'ont dit avant moi.
Ainsi, pour ce qui est de l'enseignement supérieur, plus d'un homme compétent estime que
les Facultés de province sont trop dispersées ;
qu'il y a, dans le système actuel, bien des
forces perdues ; que si l'on créait quelques
grands centres universitaires où toutes les
branches de l'enseignement public fussent représentées, on relèverait le niveau des études.

Ainsi encore, dans un autre ordre d'idées, un projet de loi réduisant le nombre des conseils de préfecture a été déposé l'an dernier à la Chambre des députés : au lieu d'un conseil de préfecture par département, le projet en institue vingt-deux pour la France entière; chaque conseil aurait donc, en moyenne, quatre départements dans sa juridiction. Si cette loi était votée, il y aurait lieu d'appliquer le même système à d'autres services publics : on trouverait plus d'un avantage à centraliser le service des mines, par exemple, et celui des ponts et chaussées, en plaçant plusieurs départements sous la direction d'un seul ingénieur en chef pour chacun de ces deux services. Mais, pour quiconque est persuadé de la nécessité de restaurer en France la vie et les institutions provinciales, ce grand objet exige autre chose que des réformes partielles : il s'agit d'une réforme d'ensemble; il s'agit de remanier nos divisions administratives, qui ne répondent pas à l'état actuel des voies de communication, au développement des différentes parties du pays, à de nouvelles mœurs et à de nouveaux besoins; il s'agit, en un mot, de grouper tous les organes de la vie provinciale, de créer quelques centres qui puissent balancer l'influence de Paris et rétablir l'équilibre rompu par la Monarchie absolue et la Révolution.

Si ceci est un rêve, je veux le pousser jusqu'au bout. Je suppose plusieurs départements ayant un seul et même chef-lieu académique, ecclésiastique, judiciaire, militaire, et je me figure les conseils généraux de ces départements qui se réunissent, à de certaines époques de l'année, pour discuter les intérêts communs à toute une région. Ce rêve, Prévost-Paradol l'a fait avant moi. Nous aurions ainsi en France un certain nombre de grandes assemblées publiques, composées d'hommes compétents, discutant les intérêts matériels et moraux en dehors des préoccupations habituelles de la politique : le jour où le parlement qui siège à Paris serait exposé à un coup de force, ces parlements nouveaux apparaîtraient au pays comme les gardiens de la légalité. Pendant que j'écrivais ces dernières lignes, une page de Tocqueville m'est revenue à l'esprit; je veux la copier ici : « Je crois, dit-il, les institutions provinciales utiles à tous les peuples; mais aucun ne me semble avoir un besoin plus réel de ces institutions que celui dont l'état social est démocratique. Comment faire supporter la liberté dans les grandes choses à une multitude qui n'a pas appris à s'en servir dans les petites ? Comment résister à la tyrannie dans un pays où chaque individu est faible, et où les individus ne sont unis par aucun intérêt commun ? Ceux qui craignent la licence et ceux qui redoutent le pouvoir absolu doivent donc également désirer le développement graduel des libertés provinciales. »

Je pense comme Tocqueville, au risque de paraître à quelques-uns un peu arriéré. Je crois que plus les citoyens sont égaux, plus la décentralisation est nécessaire. Tocqueville a dit que la décentralisation avait été la grande force de la démocratie américaine : il le dirait avec plus de vérité encore s'il avait pu voir, comme nous l'avons vu, ce même peuple réparant du jour au lendemain les désastres de la guerre civile, se remettant au travail, payant sa dette, et s'il pouvait le voir aujourd'hui, abordant hardiment les questions sociales devant lesquelles la vieille Europe ferme les yeux. Il y a là une leçon pour notre jeune démocratie, ardente, généreuse, mais qui a quelque peine à se défaire de certains préjugés. Puisse-t-elle comprendre enfin que la décentralisation est le meilleur instrument d'éducation publique, la première condition de la liberté !

L'histoire nous montre que la démocratie, cherchant avant tout l'égalité, est exposée quelquefois à trouver l'égalité sous un maître ; aussi ses serviteurs les plus fidèles sont-ils peut-être ceux qui lui répètent de temps en temps : « Souviens-toi d'être libre. »

CONCLUSION

I

Il y a un an, quand j'écrivais les premières pages de ce livre, on critiquait le régime parlementaire. Aujourd'hui on l'injurie. Dans notre pays déjà si divisé, nous avons vu naître et grandir un parti nouveau : le parti antiparlementaire. Il y a dans ses rangs des hommes venus de tous les autres partis ; à défaut d'une même doctrine, une même haine les a réunis : sus au parlementarisme ! Mais on oublie de nous dire ce qu'on entend mettre à la place du régime parlementaire : est-ce le despotisme d'une assemblée, ou celui d'un homme? Pour les amis de la liberté, c'est tout un.

Le régime parlementaire est le grand coupable, et c'est tout au plus si l'on permet à ses partisans de plaider les circonstances atténuantes. Nous souffrons de l'émiettement des partis, de l'instabilité ministérielle, de la confusion des pouvoirs : or, nous vivons sous le régime parlementaire; donc, c'est le régime parlementaire qui a fait tout le mal. Singulière façon de raisonner! Et cependant, on a vu le régime parlementaire, à l'étranger et en France, fonctionner d'une manière normale; on a vu, en même temps, des partis organisés, une majorité de gouvernement, les pouvoirs publics indépendants et forts. Si, aujourd'hui, les partis se désagrègent, si la majorité est incertaine, si un pouvoir tend à empiéter sur l'autre, de quel droit accuse-t-on le parlementarisme? En quoi est-il responsable de faits qui non seulement ne découlent pas de son principe, mais qui sont la négation de ce principe?

Il semble qu'il ne serait que juste, avant de condamner un régime qui jusqu'ici a été l'honneur des peuples libres, de rechercher si les difficultés de l'heure présente tiennent à ce régime lui-même ou au milieu politique.

La vérité est que nous assistons aux débuts d'un conflit entre le régime parlementaire et le suffrage universel.

La première condition pour le fonctionnement régulier du parlementarisme, c'est qu'il y ait dans les Chambres une majorité de gouvernement : or le suffrage universel, dans sa forme actuelle, ne donne pas cette majorité. Voilà le fait; comment l'expliquer? La France est-elle si divisée qu'on n'y trouve plus les éléments d'une opinion publique? L'anarchie parlementaire est-elle l'image du corps électoral? Cette majorité qu'on cherche en vain à la Chambre des députés, cette majorité qui s'évanouit au moment où l'on croit la saisir, n'existe-t-elle pas davantage dans le pays? Si les choses étaient venues à ce point, si l'émiettement était tel que de la poussière de tous

les partis il fût impossible de former un parti
de gouvernement, on ne verrait pas plus une
majorité dans le Sénat qu'on n'en voit une
dans la Chambre. J'insiste sur ce point, qui me
paraît capital : le collège qui nomme les sénateurs est lui-même le produit du suffrage
universel; par conséquent, s'il existe une majorité de gouvernement dans le Sénat (et nul
ne peut le contester), c'est qu'il existe une
majorité de gouvernement dans le pays. Ce
qu'est cette majorité, chacun s'en peut rendre
compte en regardant autour de soi : c'est l'opinion moyenne, à la fois conservatrice et libérale; c'est la foule des citoyens qui travaille,
qui épargne, cette foule qui se tient également loin de tous les extrêmes, qui a en même
temps un besoin impérieux de stabilité et un
sincère désir de progrès, un amour profond
de l'ordre et un goût assez vif pour les nou-
veautés, mais qui par-dessus tout veut que
chaque chose vienne à son heure et qu'on ne
remette pas tout en question du jour au lendemain. Il y a là un ensemble d'idées et de sen-

timents auxquels le suffrage universel, tel
qu'il est organisé, fait une place de plus en
plus étroite. Ces idées, ces sentiments, qui
répondent à une certaine moyenne de la démocratie, sont représentés plus exactement
par le Sénat que par la Chambre, par le suffrage à deux degrés que par le suffrage direct.
A qui la faute? A notre système électoral,
qui veut que la moitié plus un soit tout, et
rien la moitié moins un; à nos mœurs électorales, qui permettent à des comités sans
mandat de dresser la liste des candidats; enfin,
à notre fausse discipline électorale, qui, dans
les scrutins de ballottage, ne laisse subsister
qu'une seule liste, au lieu de fondre ensemble
les différentes listes d'un même parti dans la
proportion des voix obtenues au premier tour.
Le résultat est que tous les partis sont de plus
en plus représentés par leurs extrêmes, au dé-
triment de l'opinion moyenne.

Il ne faut pas dire, comme quelques-uns,
que le régime parlementaire et le suffrage universel sont incompatibles. Le régime parle-

mentaire peut s'accommoder du suffrage universel aussi bien que du suffrage restreint,
pourvu que le suffrage, quel qu'il soit, lui donne
une majorité de gouvernement. Aujourd'hui,
un conflit est près d'éclater entre le régime parlementaire et le suffrage universel; pourquoi?
Parce que (je ne me lasse pas de le répéter) le
suffrage universel est organisé de telle sorte
que la Chambre ne représente plus l'opinion
moyenne du pays. Nécessité d'une réforme
électorale, c'est donc le premier point qui se
dégage de cette étude; un second point est
d'examiner si rien n'est à changer dans le régime parlementaire, et si les rapports des deux
Chambres peuvent être les mêmes dans la monarchie et dans la république.

II

Beaucoup de gens désirent une réforme
électorale; mais que sera cette réforme? L'opinion qui me paraît dominer aujourd'hui, c'est

de remplacer le scrutin de liste par le scrutin
d'arrondissement. Quand nous avions le scrutin d'arrondissement, il semblait à quelques-
uns que le salut fût dans le scrutin de liste.
Quelle est la leçon de ces changements d'opinion? Que les deux systèmes de scrutin ont
leurs inconvénients, et qu'ici, comme en toute
chose, nous sommes frappés surtout de l'inconvénient présent. Je reconnais que le scrutin
d'arrondissement a ce mérite. qu'il diminue
l'influence des comités, et que, sur un théâtre
réduit, il place le candidat en face de l'électeur; mais je dis que le scrutin d'arrondissement, pas plus que le scrutin de liste, ne donne
l'expression de l'opinion moyenne, et que la
solution du problème électoral est dans la représentation des minorités.

C'est ici une question de faits, une question
de chiffres. La Chambre de 1881, élue au scrutin d'arrondissement, représentait 45 pour 100
des électeurs. La Chambre de 1885, élue au
scrutin de liste, représente 43 pour 100 des
électeurs. Dans un cas comme dans l'autre, avec

le scrutin d'arrondissement aussi bien qu'avec
le scrutin de liste, plus de la moitié des électeurs n'ont pas dans la Chambre un seul avocat
de leurs idées, de leurs sentiments, de leurs intérêts. Mais alors même que les candidats élus
représenteraient mathématiquement la majorité du corps électoral, le problème ne serait pas
résolu ; car, si l'on veut quelque stabilité dans
la chose publique, il faut que le parlement soit
une image aussi fidèle que possible de l'opinion
moyenne du pays.

La seule objection sérieuse qui ait été faite
à la représentation des minorités, c'est qu'elle
aurait pour conséquence de morceler encore
davantage les partis politiques : le régime parlementaire, dit-on, ne peut fonctionner régulièrement que si deux grands partis sont en
présence ; ouvrez la Chambre aux minorités,
et vous aurez autant de groupes parlementaires qu'il y a de groupes électoraux. Cette objection serait fondée si l'on demandait la représentation proportionnelle de toutes les nuances
de l'opinion ; mais je crois qu'elle ne s'applique

pas à la représentation des minorités telle que
je l'ai exposée et défendue dans ce livre. Le
procédé du vote limité, appliqué en Espagne,
en Italie, en Portugal, permet la représentation
de deux partis seulement : il est donc rigoureusement conforme à la doctrine parlementaire. Voici un collège électoral où une demi-
douzaine de partis sont en lutte : je ne veux
pas que chacun d'eux envoie un député à la
Chambre, mais je n'admets pas davantage qu'un
seul soit représenté à l'exclusion de tous les
autres. Je demande que les deux partis les
plus nombreux puissent se faire représenter, en
raison de leur importance relative.

On a vu que, dans l'application, rien n'est
plus simple. Il suffit de diviser le pays en
collèges électoraux nommant chacun un petit
nombre de députés, et de dire que l'électeur
votera pour un nombre de candidats inférieur
au nombre des députés de la circonscription.
Supposez la France partagée en collèges dont
chacun nomme, par exemple, trois députés :
les électeurs écriraient deux noms seulement

sur leur bulletin. Ainsi, toute minorité égale
au tiers des électeurs serait assurée d'avoir
un représentant. Si la lutte était entre deux
listes, la majorité nommerait deux députés et
la minorité un député. S'il y avait trois listes,
de quelque manière que les voix fussent réparties, les candidats élus représenteraient au
moins les deux tiers des votants. Dans le système du vote limité, l'élection aurait lieu à la
majorité relative, et l'on éviterait par là ces
scrutins de ballottage qui, en autorisant tous
les compromis, faussent trop souvent les majorités. Une partie des électeurs ne se verraient
plus contraints, ou de s'abstenir, ou de voter
au second tour pour des candidats qu'ils n'ont
pas librement choisis. Certains collèges pourraient nommer plus de trois députés, comme
nous le voyons en Espagne et en Italie : l'électeur voterait pour trois candidats dans les collèges de quatre ou cinq députés, pour quatre
candidats dans les collèges de six députés;
mais il semble que ce dernier chiffre devrait
être considéré comme un maximum, et qu'on

ne pourrait davantage élargir les circonscriptions électorales sans retrouver quelques-uns
des inconvénients du système actuel. Dans
tous les cas, deux partis pouvant être représentés au lieu d'un seul, il est certain, à moins
de supposer que les électeurs votent au hasard.
que les élus de chaque collège en représenteraient la majorité.

En demandant la représentation des minorités, je ne plaide pas seulement la cause du
parti le moins nombreux : je plaide la cause
du suffrage universel lui-même. Avec le système actuel, un seul parti, dans chaque collège, nomme tous les députés : il en résulte
que la Chambre représente tantôt 43 pour
100, tantôt 45 pour 100 du corps électoral.
Peut-on dire que la Chambre est l'expression
de la volonté populaire quand plus de la moitié
des citoyens n'ont pas un seul représentant? Si
vous voulez la sincérité du suffrage universel.
faites une place aux minorités. Ce sera la fin
de ces transactions dont les modérés ont toujours fait les frais. et l'opinion moyenne ga-

gnera ce que les extrêmes pourront y perdre.
Alors, mais alors seulement, s'il existe une majorité de gouvernement dans le pays, vous re-
trouverez cette même majorité dans le parlement.

III

Après la réforme électorale, la réforme parlementaire.

La Chambre des députés est nommée pour
quatre ans. Pendant ces quatre années, l'opinion publique se modifie insensiblement :
lorsque vient le moment des élections générales, on entre dans l'inconnu, et le suffrage
universel peut envoyer au parlement une
majorité d'hommes nouveaux. Le renouvellement intégral, appliqué jusqu'ici à la Chambre
des députés, a deux résultats également dé-
plorables. D'une part, il rend impossible toute
suite, toute tradition ; la Chambre, tous les
quatre ans, est obligée de recommencer son
éducation politique. D'une autre part, la

Chambre étant immuable tandis que la majorité électorale se transforme plus ou moins,
un abîme peut se creuser entre l'assemblée et
le pays. Dans les affaires industrielles, le bon
sens des intéressés a compris les inconvénients
du renouvellement intégral : partout, les conseils qui administrent se renouvellent par
fractions. C'est un exemple à imiter si l'on
veut à la fois donner à la Chambre une tradition politique et empêcher que la majorité se
porte brusquement d'un extrême à l'autre. La
durée d'une législature étant de quatre ans, il
suffirait de diviser les départements en quatre
séries : chaque année, les élections générales
auraient lieu dans les circonscriptions d'une
série. Le renouvellement partiel n'est pas une
nouveauté : j'ai montré qu'il existe dans plusieurs pays d'Europe et d'Amérique ; en France
même, ce système a été adopté non seulement
pour le Sénat, mais pour les conseils généraux
et les conseils d'arrondissement.

Une autre réforme qui mérite l'attention,
c'est le moyen de régler le travail législatif.

Les Chambres ont l'initiative des lois : c'est
une condition essentielle de tout gouvernement libre. Le droit d'initiative permet à la démocratie de satisfaire, par les voies légales, le
besoin d'innover qui est en elle : au début de
chaque législature, on voit les projets de loi se
succéder rapidement. Les auteurs de ces projets sont animés des meilleures intentions;
mais ils n'ont peut-être pas toujours une préparation et une expérience suffisantes. Le jour
de la discussion publique, les amendements
les plus contradictoires sont déposés à la tribune. On sait le résultat : souvent du temps
perdu, et quelquefois, pourquoi ne pas le dire?
des lois mal faites. Le remède semble tout
indiqué : soumettre tous les projets de loi à
l'examen du Conseil d'État, et charger un com-
missaire du gouvernement de soutenir l'opinion du Conseil d'État devant la Chambre et le
Sénat. On aurait ainsi des textes de loi mieux
étudiés; on mettrait de l'ordre et de la suite
dans le travail législatif, sans toucher en rien
à l'initiative parlementaire.

Enfin, il faut régler les rapports des deux
Chambres entre elles. On convient, en général, que ces rapports ne peuvent pas être les
mêmes dans une démocratie et dans une aristocratie ; on est d'accord sur la nécessité d'une
modification, mais on est loin de s'entendre
sur les points à modifier. Si l'on s'en rapporte
aux radicaux, la solution est bien simple :
élargir le plus possible les attributions de la
Chambre populaire, et réduire d'autant celles
de la Chambre haute. Je crois avoir suffisamment démontré que la vraie solution est toute
différente, et que, contrairement à l'opinion
commune, la Chambre haute doit tenir une
plus grande place dans la démocratie que dans
toute autre forme de gouvernement. Quand la
Chambre haute, en tout ou en partie, représente le principe de l'hérédité, elle doit tôt ou
tard laisser le premier rôle à la Chambre populaire, qui seule exprime la volonté nationale. Il n'en est pas de même lorsque les deux
Chambres, comme les nôtres, sont élues par
le peuple : ayant même origine, même auto-

rité, il n'y a plus aucun motif pour que l'une s'efface devant l'autre. Et si l'on objectait qu'une Chambre issue du suffrage à deux degrés représente l'opinion moyenne moins exactement qu'une Chambre issue du suffrage direct, je répondrais que c'est plutôt le contraire qui est la vérité : en toute chose, la sélection a pour résultat d'atténuer ce qui est accidentel, d'accentuer ce qui est permanent; or, le suffrage à deux degrés est une sélection. A priori, on pourrait affirmer qu'une assemblée nommée par le suffrage à deux degrés offrira une image plus fidèle de la moyenne des idées et des sentiments du pays qu'une assemblée nommée par le suffrage direct. Où sont, en effet, les extrêmes? A la Chambre. Où trouve-t-on une majorité de gouvernement? Au Sénat.

Les auteurs de la constitution de 1875 ne se sont donc pas trompés quand ils ont donné aux deux Chambres des pouvoirs sinon égaux, au moins équivalents. Ils ont laissé à la Chambre basse, suivant la tradition parlementaire, le droit de renverser le cabinet; mais, voulant tenir la balance égale, ils ont donné à la Chambre haute le droit de voter la dissolution d'accord avec le chef de l'État. Les deux Chambres se font ainsi contrepoids et l'équilibre est assuré, sauf sur un point: mais ce point est capital dans le régime parlementaire : c'est le vote du budget. A défaut d'un texte constitutionnel suffisamment précis, l'usage s'est établi que le dernier mot, en matière de finances, reste à la Chambre des députés. Cela est-il juste? je dirai plus : cela est-il conforme à l'esprit démocratique? On cite l'exemple de la Chambre des communes, de tout temps si jalouse de ses prérogatives financières; mais l'exemple me paraît mal choisi. En Angleterre, la Chambre basse représente seule les contribuables; il paraît donc légitime qu'elle soit souveraine en tout ce qui touche à la perception et à l'emploi des impôts. Il serait plus rationnel de chercher un exemple aux États-Unis, où les deux Chambres sont élues comme chez nous, l'une par le suffrage

à deux degrés, l'autre par le suffrage direct.
Là, nous avons vu qu'en cas de conflit, le
budget est renvoyé à une commission formée
par moitié de sénateurs et de représentants :
cette commission arrête le budget définitif,
et les Chambres, sans pouvoir le discuter de
nouveau, doivent l'accepter ou le rejeter en
bloc. Voilà, si je ne me trompe, la seule solution des conflits budgétaires qui convienne à
une démocratie où les deux Chambres, issues
l'une et l'autre de l'élection, peuvent prétendre à une même autorité. Les États-Unis,
nos aînés dans la démocratie, nous donnent
ici une leçon de modération et de sagesse.
Dira-t-on qu'en les imitant, nous ferions au
Sénat une trop grande place dans la république? Le Sénat français, même avec l'égalité
des droits financiers, n'aura jamais la puissance du Sénat américain, qui seul approuve
le choix des ministres et seul ratifie les traités.

Je suis de ceux qui estiment que l'intérêt
de la république est non d'affaiblir, mais au
contraire de fortifier le plus possible l'institu-

tion du Sénat. La question est assez grave
pour qu'on la pose en toute franchise : veut-
on que la puissance du nombre n'ait plus ni
frein ni contrôle, et que quelque jour les destinées de la patrie puissent se jouer à une
voix de majorité? Alors, il faut réduire la
Chambre haute à n'être plus qu'une Chambre
d'enregistrement. Mais si l'on admet que le
pouvoir absolu, qu'il soit dans un homme
ou dans une assemblée, est toujours un danger; si l'on admet que la liberté ne peut vivre
que par l'équilibre des pouvoirs publics, il
faut faire ce qu'ont fait les Américains, et
chercher un contrepoids à la puissance du
nombre là où l'on peut le trouver, c'est-à-dire
dans la Chambre élue par le suffrage à deux
degrés.

IV

En traitant, dans ce livre, de la réforme
électorale et de la réforme parlementaire, j'ai

été amené à toucher à quelques questions qui me paraissent d'un intérêt actuel : vote obligatoire, représentation des forces sociales, stabilité administrative, décentralisation régionale. Je crois que les idées que j'ai soutenues sont justes : je n'hésite pas à le dire, car la plupart ne m'appartiennent pas. J'ai essayé, en faisant un faisceau d'idées jusqu'ici éparses, de rédiger en quelque sorte le programme de la démocratie libérale. Ce que j'ai écrit, de plus grands l'ont pensé et l'ont dit avant moi : mon seul mérite, si c'en est un, est d'avoir tenu la plume.

Je me suis proposé de montrer, d'un côté, que le suffrage universel, qui est le principe du gouvernement populaire, peut être organisé de telle sorte que les élus représentent vraiment la moyenne de l'opinion, et d'un autre côté, que le régime parlementaire, qui est la sauvegarde de notre liberté, peut se plier aux conditions et aux besoins d'une société démocratique. Si l'on me demande : Croyez-vous avoir résolu la question politique? je répondrai que, pour moi, il n'y a pas plus une question politique qu'il n'y a une question sociale. Il y a des questions, qu'il faut résoudre l'une après l'autre, en commençant par les plus urgentes : je place, parmi celles-ci, le conflit du régime parlementaire et du suffrage universel.

Les pages qui précèdent paraîtront bien terre à terre à ces esprits superbes qui veulent changer l'État d'un trait de plume. Ceux-là nous disent que tout serait mieux étant autrement, et que la société de l'avenir reposera sur des principes tout nouveaux. Cela est possible; mais je n'écris pas pour l'an 3000, j'écris pour l'an 1888. Je vois la France divisée au dedans, menacée au dehors : je ne sais pas ce que demain nous apportera; je me préoccupe des difficultés et des dangers d'aujourd'hui.

Ce livre n'eût-il que dix lecteurs, si je les avais convertis aux idées libérales que je défends, je ne regretterais ni mon temps ni ma peine. Je suis persuadé que chacun de nous peut faire bien peu de chose, mais que chacun

de nous cependant peut faire quelque chose :
il faut agir, parler, écrire, nous dépenser tout
entiers, si nous voulons que la démocratie s'or-
ganise enfin et se discipline. Quelques-uns
estiment qu'on doit laisser la critique à ses
adversaires, et suivre son propre parti jusqu'en
ses erreurs et ses faiblesses : je crois qu'ils se
trompent, et que de tels ménagements sont
indignes d'un bon citoyen. Aujourd'hui, le
suffrage universel est notre maître à tous. Or
il y a deux manières de servir un maître : le
flatter, ce qui est assurément plus commode,
ou lui dire la vérité, ce qui est peut-être plus
utile.

TABLE DES MATIÈRES

Paris. —Typ. G. Chamerot. 19, rue des Saints-Pères. — 23245

ENSEIGNEMENT SECONDAIRE
DES JEUNES FILLES
COURS D'ÉTUDES
CONFORME AUX PROGRAMMES DU 28 JUILLET 1882

Plan d'études et programmes de l'enseignement secondaire des jeunes filles. Br. in-16. . . . . 40 c.

LANGUE ET LITTÉRATURE FRANÇAISES

Brachet (A.), lauréat de l'Académie française : *Nouvelle grammaire française*, fondée sur l'histoire de la langue ; 9ᵉ édition. 1 vol. in-16, cartonné. 1 fr. 50
— *Exercices* sur la nouvelle grammaire française par M. Dussouchet, agrégé de grammaire, professeur au lycée Henri IV :
Livre de l'élève. 1 vol. in-16, cartonné. 1 fr. 50
Livre du maitre. 1 vol. in-16, cartonné. 2 fr.

Brachet et **Dussouchet** : *Petite grammaire française.* 1 vol. in-16, cartonné, 80 c.
— *Exercices* sur la Petite grammaire française par M. Dussouchet :
Livre de l'élève. 1 vol. in-16, cartonné. 80 c.
Livre du maitre. 1 vol. in-16, cartonné. 1 fr.

Manuel (Eug.), inspecteur général de l'instruction publique. *Éléments de prosodie française* (5ᵉ année). 2 vol. in-16, cart. » »

Merlet, professeur de rhétorique au lycée Louis-le-Grand, membre du conseil supérieur de l'instruction publique : *Études littéraires sur les classiques français des classes supérieures ;* nouvelle édition 2 vol. in-16, br. 8 fr.

I. Corneille. — Racine. — Molière. 1 vol. 4 fr.
II. Chanson de Roland. — Joinville. — Montaigne. — Pascal. — La Fontaine. — Boileau. — Montesquieu. — La Bruyère. — Bossuet. — Fénelon. — Voltaire. — Buffon. 1 vol. 4 fr.

Cahen (A.), professeur de rhétorique au collège Rollin : *Morceaux choisis des auteurs français* (1ᵉʳ et 2ᵉ degrés). 2 vol. in-16, cart. » »

Lanson, professeur au lycée Charlemagne : *Principes de composition et de style* (1ʳᵉ et 2ᵉ années). 1 vol. in-16, cartonné. 2 fr. 50

Albert (Paul), ancien professeur au Collège de France : *La poésie*, études sur les chefs-d'œuvre des poètes de tous les temps et de tous les pays. 1 vol. in-16, broché. 3 fr. 50
— *La prose ;* études sur les chefs-d'œuvre des prosateurs de tous les temps et de tous les pays. 1 vol. in-16, broché. 3 fr. 50
— *Cours de littérature française,* professé à l'usage des jeunes filles. 5 vol. in-16, brochés :
La littérature française, des origines à la fin du XVIᵉ siècle. 1 vol. 3 fr. 50
La littérature française au XVIIᵉ siècle 1 vol. 3 fr. 50

Albert (Paul), *La littérature française au XVIII° siècle*. 1 vol. 3 fr. 50
La littérature française au XIX° siècle. 2 vol. 7 fr.
Vapereau, inspecteur général de l'instruction publique : *Esquisse d'histoire de la littérature française*. 1 vol. in-16, cartonné. 1 fr. 50
— *Éléments d'histoire de la littérature française*, contenant : 1° une esquisse générale ; 2° une suite de notices sur les époques, les genres et les principaux écrivains, avec un choix d'extraits de leurs ouvrages. 3. vol. in-16, cartonnés :

I. *Des origines au règne de Louis XIII.* 3 fr. 50

II. *Règnes de Louis XIII et de Louis XVI.* 3 fr. 50

III. (En préparation.)

Witt (Mme de), née Guizot : *Recueil de poésies* pour les jeunes filles. 1 vol. in-16, broché, 2 fr.
Littré et **Beaujean** : *Petit dictionnaire universel*, ou abrégé du Dictionnaire de la langue française : 8° édition conforme à l'orthographe du dictionnaire de l'Académie. 1 vol. in-16, de 912 pages, cartonné. 3 fr.

LITTÉRATURES ANCIENNES

Pelisson, professeur au lycée Janson de Sailly : *Histoire sommaire de la littérature latine* (3°, 4° et 5° années). 1 vol. in-16, cart. 3 fr.
Merlet professeur de rhétorique au lycée Louis-le-Grand : *Études littéraires sur les grands classiques latins ;* suivies d'extraits de leurs ouvrages empruntés aux meilleures traductions (3°, 4° et 5° années). 1 vol. in-16, broché. 4 fr.
Edet, professeur au lycée Lakanal : *Histoire sommaire de la littérature grecque* (3°, 4° et 5° années). 1 vol. in-16, cartonné. 3 fr.
Merlet : *Études littéraires sur les grands classiques grecs ;* suivies d'extraits de leurs ouvrages, empruntés aux meilleures traductions (3°, 4° et 5° années). 1 vol. in-16, broché. 4 fr.

HISTOIRE

Ducoudray, agrégé d'histoire, professeur à l'École normale de Saint Cloud : *Histoire nationale et notions sommaires d'histoire générale*, depuis les origines jusqu'au milieu du xv° siècle (1° année). 1 vol. in-16, cartonné. 3 fr. 50
— *Histoire nationale et notions sommaires d'histoire générale*, depuis le milieu du xv° siècle jusqu'à la mort de Louis XIV (2° année). 1 vol. in-16, cartonné. 3 fr. 50
— *Histoire nationale et notions sommaires d'histoire générale*, depuis la mort de Louis XIV jusqu'en 1875 (3° année). 1 vol. in-16 cartonné. 3 fr. 50
— *Histoire sommaire de la civilisation depuis les origines jusqu'à nos jours* (4° et 5° années). 2 vol. in-16, cartonnés, chaque vol. 4 fr.

GÉOGRAPHIE

Cortambert : *Notions élémentaires de géographie générale* (1° année). 1 vol. in-16, avec 20 gravures, cartonné. 1 fr. 50
— *Géographie de l'Europe* (2° année). 1 vol. in-16, avec 31 gravures ou cartes, cartonné. 2 fr.
— *Géographie de la France et de ses possessions coloniales* (3° année). 1 vol. in-16, avec 189 gravures, cartonné. 3 fr.
— *Atlas de géographie moderne*, composé de 66 cartes ; nouvelle édition complètement refondue (à l'usage des 3 années). 1 vol in-4, cartonné. 12 fr.

ÉCONOMIE DOMESTIQUE

Giroux (Mme), professeur à l'École normale supérieure d'institutrices : *Traité de la coupe et de l'assemblage des vêtements de femmes et d'enfants*. 1 vol. grand in-16, avec de nombreuses figures, cartonné. 1 fr. 50
Wirth (Mlle E) : *La future ménagère ;* lectures et leçons sur l'économie domestique, la science du ménage, l'hygiène, les qualités et les connaissances nécessaires à une maîtresse de maison. 1 vol. in-16, cartonné. 1 fr. 50

MATHÉMATIQUES

Bos, inspecteur de l'Académie de Paris : *Notion de géométrie plane* (3e année). 1 vol. in-16, avec 189 figures. cartonné. 1 fr. 50

Pichot, ancien censeur du lycée Condorcet : *Arithmétique et géométrie* (1re année). 1 vol. in-16, avec 121 figures, cartonné. 2 fr.
— *Arithmétique* (2e année). 1 vol. in-16, cartonné. 1 fr. 30

PHYSIQUE

Ganot : *Cours de physique purement expérimentale et sans mathématiques*; nouvelle édition entièrement refondue par M. Maneuvrier. 1 vol. in-16, avec figures et planche en couleur, br. 5 fr. 50

Gossin, proviseur du lycée de Lille : *Cours élémentaire de physique* (3e année). 1 vol. in-16, avec 131 figures, cartonné. 2 fr. 20
— *Quatrième année*. 1 vol. in-16, avec 133 figures, cartonné. 2 fr. 20
— *Cinquième année*. 1 vol. in-16, avec 257 figures, cartonné. 3 fr.

CHIMIE

Margottet, professeur à la Faculté des sciences de Dijon : *Cours élémentaire de chimie* (3e année). 1 vol. in-16, avec 44 figures, cartonné. 1 fr. 50

COSMOGRAPHIE

Guillemin (Amédée) : *Éléments de cosmographie* (3e année). 1 vol. in-16, avec 171 figures, cart. 3 fr.

HISTOIRE NATURELLE

Mangin, agrégé des sciences naturelles, professeur au lycée Louis-le-Grand : *Éléments de botanique*, suivis de notions sur les plantes utiles et nuisibles (1re et 2e années). 1 vol. in-16, avec 557 figures, cartonné. 3 fr.
— *Physiologie végétale* (4e et 5e années). 1 vol. in-16, cartonné. » »

Perrier, professeur au Muséum d'histoire naturelle et à l'École de Sèvres : *Leçons élémentaires sur l'histoire naturelle des animaux* (1re année). 1 vol. in-16, avec 269 figures, cartonné. 2 fr. 50
— *Précis de physiologie animale* (3e et 4e années). 1 vol. in-16, avec 147 figures, cartonné. 3 fr.

Seignette, professeur au lycée Condorcet : *Notions de géologie* (2e année). 1 vol. in-16, avec figures, cartonné.

DESSIN

Henriet (d') *Cours rationnel de dessin* :

1re partie. *Dessin d'imitation*. 1 vol. in-8 de texte, avec 206 figures et un album in-4, de 44 modèles : crayonnage, notions pratiques de perspective, dessin usuel, figures. 8 fr.
Prix du vol. seul. 3 fr.
Prix de l'album. 5 fr.

2e partie. *Dessin linéaire*. 1 vol. in-8 de texte avec 151 figures et un album in-4, de 48 modèles : tracés géométriques, représentation des corps, perspective cavalière, projection, tracé des ombres, applications industrielles, topographie.
Prix du vol. seul, 5 fr.
Prix de l'album. 5 fr.

3e partie. *Dessin d'ornement*. 1 vol. in-8 de texte avec 192 figures et un album in-4, de 46 modèles : crayonnage, éléments et principes de l'ornement, les arts de l'ornementation dans l'antiquité et aux grandes époques de l'histoire de France. 10 fr.
Le volume et l'album se vendent séparément. 5 fr.
Chaque modèle des trois parties se vend séparément. 15 c.
— COURS DE DESSIN :
Cours élémentaire. 3 cahiers, chaque cahier. 25 c.
Livre du maître. 1 vol. 1 fr. 25
Cours moyen. 5 cahiers, chaque cahier. 25 c.
Livre du maître. 1 vol. 1 fr 30
Cours supérieur. 6 cahiers, chaque cahier. 25 c.
Livre du maître. 1 vol. 1 fr. 80

Allemand

Bossert, inspecteur général des langues vivantes, et **Beck**, agrégé de l'Université : *Grammaire élémentaire de la langue allemande; comprenant les règles essentielles de la grammaire.* 1 vol. in-16, cartonné. 2ᵉ édition, 1 fr. 50

— *Exercices sur la grammaire élémentaire de la langue allemande;* 1ʳᵉ partie. 1 volume in-16, cartonné. 1 fr. 50

— *Les mots allemands* groupés d'après les sens; 2ᵉ édit. 1 vol. in-16, cartonné. 1 fr. 50

— *Exercices sur les mots allemands* groupés d'après le sens. 1 vol. in-16, cartonné. 1 fr. 50

— *Lectures allemandes;* morceaux choisis et leçons de choses à l'usage des jeunes filles.
Première année). 1 vol. in-16, avec 31 gravures, cartonné. 1 fr. 50
Deuxième année. 1 vol. in-16, avec 58 gravures, cartonné. 2 fr. 50

Braeunig, sous-directeur de l'Ecole alsacienne, et **Dax** : *Exercices pratiques de langue allemande.* 3 volumes in-16, cartonnés. Chaque volume. 1 fr. 50

Wildermuth (Ottilie) : *Nouvelles choisies.* Texte annoté par M. Grandjean, agrégé de l'Université, professeur à l'Ecole normale de Cluny (3ᵉ année). 1 vol. in-16, cartonné. 2 fr.

Anglais

Beljame (Al.), maître de conférences à la Faculté des lettres de Paris : *Première année d'anglais; exercices gradués et pratiques sur la prononciation, la grammaire et la conversation;* 9ᵉ édit. 1 vol. in-16, cartonné. 1 fr.

Beljame (Al.), *Deuxième année d'anglais;* 4ᵉ édit. 1 v. in-16, c. 1 fr. 50

— *Premier livre de lectures anglaises;* 4ᵉ édit. 1 vol. in-16, avec gravures, cartonné. 1 fr. 50

— *Deuxième livre de lectures anglaises*, 2ᵉ édition. 1 volume in-16, avec gravures, cartonné. 1 fr. 50

— *Troisième livre de lectures anglaises;* 1 vol. in-16 avec gravures, cartonné. 1 fr. 50

Alcott (Louisa) : *Petits hommes* (Little men). Texte. 1 vol. petit in-16, cartonné. 2 fr. 50

— *Petites femmes* (Little women). Texte. 1 volume, petit in-16, cartonné. 2 fr. 50

— *Une demoiselle à la vieille mode.* Texte. 1 vol. petit in-16, cartonné. 2 fr.

Dickens : *Contes de Noël* (Christmas Carols). Texte. 1 vol. petit in-16. cartonné. 2 fr. 50

Edgeworth (Miss). *Contes choisis.* Texte anglais, publié et annoté par M. Mothéré, professeur au lycée Charlemagne, membre du Conseil supérieur de l'Instruction publique. 1 vol. petit in-16, cart. 2 fr.

Eliot (G.) *Silas Marner.* Texte annoté par M. Malfroy, professeur au lycée de Nantes. 1 vol. in-16, cartonné en percaline. » »

Habberton : *Les enfants d'Hélène;* (Helen's babies). Texte. 1 vol. petit in-16. cartonné. 2 fr.

Lamb (Ch.) : *Pièces de Shakespeare racontées en prose* (Tales from Shakespeare). Texte. 1 vol. petit in-16, cartonné. 2 fr. 50

Longfellow : *Evangéline et poèmes choisis.* Texte annoté par M. Malfroy. 1 vol. in-16, avec 30 gravures, cartonné. 3 fr.

Planché (Miss) : *Histoire d'un rayon de soleil.* Texte. 1 vol. petit in-16, cartonné. 1 fr. 50

Tennyson : *Poèmes choisis,* contenant la *Grand'mère.* Texte. 1 vol. in-16, cartonné. 2 fr.

15908. — Imprimerie A. Lahure, rue de Fleurus, 9, à Paris.